**하루 1분
속담게임**

하루 1분 속담게임

초판 1쇄 발행 2022년 4월 30일

엮은이 YM기획
펴낸이 추미경

책임편집 김선숙 / **디자인** 정혜욱 / **마케팅** 신용천

펴낸곳 베프북스 / **주소** 경기도 고양시 덕양구 은빛로 45, 4층 406-1호(화정동)
전화 031-968-9556 / **팩스** 031-968-9557
출판등록 제2014-000296호

ISBN 979-11-90546-17-1 (14320)
        979-11-90546-00-3 (세트)

전자우편 befbooks15@naver.com / **블로그** http://blog.naver.com/befbooks75
페이스북 https://www.facebook.com/bestfriendbooks75
인스타그램 https://www.instagram.com/befbooks

참뜻을 알아 가는 재미가 쏠쏠한 ————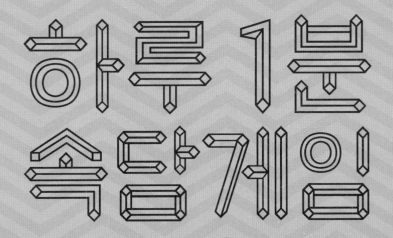

하루1분
속담게임

YM기획 엮음

베프북스
Best Friend Books

게임을 하면서 속담을 공부한다고?
지혜와 슬기가 가득 담긴 속담을 당신의 대화에 응용하세요!

　속담은 우리 조상들의 지혜와 해학, 비판과 풍자, 교훈과 웃음, 재치와 슬기가 담긴 한마디이다. 생활 속 여러 분야의 지식과 경험, 문화와 풍습 등이 자연스럽게 녹아든 비유적인 표현이기 때문에 속담을 완벽히 알아두면 여러 상황에서 활용이 가능하다. 속담 안에 담긴 뜻을 재미있는 표현으로 응용해서 듣는 이의 관심을 불러일으키는 것이다. 하지만 요즘 우리말에서는 속담이 많이 쓰이지 않는다. 여느 분야보다 그 뜻을 알아 가는 재미가 쏠쏠한 속담을 이제라도 일상에서 꾸준히 사용해 보는 건 어떨까? 생활 속에서 잊지 않고 사용해야 참된 가치가 살아날 것이다. 간결하면서도 감각 있는 표현을 쓰는 사람에게서는 자신감이 느껴진다. 그런 언어생활을 하는 데 도움이 되는 일 중 하나가 바로 속담을 활용하는 것이다. 말 한마디로 상대방을 쉽게 이해시키면서도 자신의 의도를 명확하고 구체적으로 알릴 수 있다. 차근차근 속담의 뜻을 알아 가면서 감각적인 대화 생활을 주도해 보자.

　속담에 대한 탄탄한 기본기를 쌓기 위해 게임하듯 신나게 공부해 보자! 때로는 아는 것을 확인해서 즐겁고, 때로는 모르는 것을 알게 되어 재미있는 속담게임에 하루 1분만 투자해 보자. 분명 당신의 지적 욕구를 자극하고 채워 줄 것이다. 게임은 자신감을 갖고 즐겁게 해야 한다는 사실, 꼭 기억하자!

──────────────────────────── Contents

하루 1분 속담게임

이렇게 활용하세요!

과다한 업무, 학업 스트레스,

무의미한 일상의 반복…

멈춰 버린 뇌에 다시 시동을 걸어 볼까요?

매일 특정한 시간을 정해

뇌에 자극을 주는 게임으로 잠들어 있는 뇌를 깨워 주세요.

속담을 많이 아는 만큼 어휘력이 탄탄하다는 건 당연한 말씀!

조상들의 지혜와 슬기가 담긴 문장을 통해

당신의 어휘력, 표현력을 체크하고 대화에 응용해 보세요.

1. 《하루 1분 속담게임》은…

게임을 하면서 속담공부를! 어린시절에 배웠던 속담실력을 확인해 볼 수 있는 다양한 문제들을 모았습니다. 익숙한 속담부터 어쩌면 생소하게 느껴질 세계 여러 나라의 속담들을 통해 짧은 문장 안에 담긴 세상의 이치를 다시금 파악해 보세요. 괄호 안에 들어갈 알맞은 단어를 맞혀 보고, 제시된 초성과 뜻만으로 속담을 완성해 보세요.

2. 규칙적인 두뇌트레이닝

1 Week부터 52 Week까지 1년 동안 주말에도 짬짬이 풀어 보도록 구성하였습니다. 의욕이 앞선 나머지 무리한 목표를 세우고 하루에 여러 문제를 풀거나 몰아서 푸는 것보다는 매일 매일 꾸준히 단 한 문제씩만 풀어나가 보세요.

3. 바로바로 찾아보는 정답

문제와 정답지를 왔다갔다하는 번거로움은 이제 그만! 문제 다음 페이지에 정답을 확인할 수 있도록 구성하였습니다. 바로바로 정답을 확인하세요.

From
1 Week

to
17 Week

Day 001 다음 속담의 괄호 안에 들어갈 알맞은 단어를 고르세요.

가자니 태산이요, 돌아서자니 (   )이라.

1) 언덕   2) 남산   3) 골짜기   4) 숭산

Day 002 다음 속담의 괄호 안에 들어갈 알맞은 단어를 고르세요.

눈 온 뒤에는 거지가 (   )한다.

1) 구걸   2) 빨래   3) 사랑   4) 노래

Day 003 다음 속담의 괄호 안에 들어갈 알맞은 단어를 고르세요.

고슴도치도 제 새끼는 (   )하다고 한다.

1) 삐죽   2) 곱상   3) 함함   4) 따뜻

Day 004   다음 초성과 뜻을 보고 속담을 완성해 보세요.

ㄱㄷㄱ / ㅁㅅㅇ / ㅈ / ㅁ / ㄷㄱㄲ

무슨 일을 해야 할 때 작은 방해가 있다 하더라도 마땅히 할 일은 해야 한다는 말. (힌트 : 구더기)

➡

Day 005   다음 초성과 뜻을 보고 속담을 완성해 보세요.

ㄸㄱㅁㅇㄹ / ㅎㅂㅆ / ㄲㄷ

겉으로는 얌전한 체하지만 속은 의뭉스럽고 엉큼하여 엉뚱한 짓을 한다는 뜻.

➡

Day 001 4) 숭산

숭산은 중국의 오악 중 하나이다. 앞에도 높은 산, 뒤에도 높은 산이라는 뜻으로 이러지도 저러지도 못할 난처한 지경에 이름을 비유적으로 이르는 말이다. 쉬운 말로 '갈수록 태산', '산 넘어 산'으로 쓴다.

• 오악 : 중국의 옛 신앙에 보이는 다섯 개의 산.

Day 002 2) 빨래

거지가 겨울에 입던 옷을 벗어 빨래를 하면 추위에 덜덜 떨어야 한다. 그런 거지가 눈이 온 다음 날에 빨래를 한다고 하니 이는 그만큼 날씨가 따뜻하다는 말이다. 비슷한 속담으로 '거지가 꿀 얻어먹기'가 있다. 거지가 밥을 얻어먹기도 어려운데 귀한 꿀을 얻어먹는 것은 거의 있을 수 없는 일, 즉 매우 일어나기 어려운 일을 가리키는 말이다.

Day 003 3) 함함

털이 바늘같이 꼿꼿한 고슴도치도 제 새끼의 털이 부드럽다고 두둔하고 편든다는 말로, 자기 자식의 나쁜 점은 모르고 도리어 자랑삼는다는 뜻이다.

• 함함하다 : 털이 부드럽고 윤기가 나는 상태를 이르는 우리말.

Day 004 구더기 무서워 장 못 담글까.

예부터 장을 담근 독에서 구더기가 기어 나오는 경우가 있었다. 독 안의 습도가 높거나 파리가 독 안에 알을 스는 바람에 생기거나 장이 싱거울 때 생겼다. 그래도 햇빛이 쨍쨍할 때 구더기를 잡고 구더기가 생긴 부분만 걷어내면 장을 먹을 수 있었다. 따라서 구더기가 생길까 봐 무서워서 장을 못 담근다는 것은 말이 안 된다.다소 방해되는 것이 있다 하더라도 마땅히 할 일은 해야 함을 이르는 말이다.

Day 005 똥구멍으로 호박씨 깐다.

호박을 훔쳐 먹고 안 먹은 척 시치미를 떼었는데 배설물 속에 호박씨가 있어 도둑질이 탄로 났다는 이야기에서 나온 말이다. 겉으로는 얌전한 척하면서 은밀하게 엉큼한 짓을 하는 사람을 비꼬는 말로 쓰인다.

Day 001   다음 속담의 괄호 안에 들어갈 알맞은 단어를 고르세요.

정성이 있으면 (   )에도 세배 간다.

1) 한식   2) 추석   3) 우수   4) 청명

Day 002   다음 속담의 괄호 안에 들어갈 알맞은 단어를 고르세요.

맹물에 (   )을 삶아 먹더라도 제멋에 산다.

1) 껍질   2) 조약돌   3) 뼛조각   4) 바윗돌

Day 003   다음 속담의 괄호 안에 들어갈 알맞은 단어를 고르세요.

길을 떠나려거든 (   )도 빼어 놓고 가라.

1) 반지   2) 안경   3) 목걸이   4) 눈썹

Day 004 다음 초성과 뜻을 보고 속담을 완성해 보세요.

ㄱㄱㄴ / ㅆㅇㅇ / ㅁㅇㅇ / ㅁㅇ / ㅎㅇ / ㅁㅇㄷ

필요한 말이나 행동은 꼭 해야 한다는 뜻. (힌트 : 고기)

➡

Day 005 다음 초성과 뜻을 보고 속담을 완성해 보세요.

ㅇㄴㄱ / ㄱㅇㅇㅁ / ㅊㄱㅈ / ㅁㄸ / ㅂㄱ / ㅈㅇ / ㅎㄷ

아내가 사랑스러우면 아내 주위의 모든 것이 좋게 보임을 뜻함.

➡

정답

Day 001 1) 한식

세배는 보통 섣달그믐이나 정초에 다니는 것이지만 마음만 있으면 한식에도 갈 수 있다는
의미로 아무리 때가 늦어도 정성만 있으면 하려던 일을 이룰 수 있다는 말이다. 즉, 마음
만 있으면 언제든 성의는 표시할 수 있다는 뜻이다.

- 한식 : 동지로부터 105일째 되는 날. 4월 5~6일쯤임. 이날 자손들은 조상의 묘를 찾아 제사를
  지내고 사초(莎草)를 함.

Day 002 2) 조약돌

보기에는 아무 재미도 없어 보이지만 다 자신들이 좋아해서 하는 일을 이르는 말이다. 비
슷한 속담으로 '병신도 제 재미에 산다'가 있다. 사람은 잘났거나 못났거나 누구나 다 자신
만의 즐거움이 있음을 비유한 말이다.

Day 003 4) 눈썹

먼 길을 떠날 때는 눈썹마저도 빼고 가라는 의미로 길을 떠날 때는 될 수 있는 대로 짐이
되고 거추장스러운 것들은 덜고 나서라는 말이다. '눈썹'에 관한 속담으로 '눈썹만 뽑아도
똥 나오겠다'가 있는데 작은 괴로움도 이겨내지 못하고 쩔쩔매는 상황을 이른다.

Day 004 고기는 씹어야 맛이요 말은 해야 맛이다.

고기를 겉으로만 봐서는 그 맛을 알 수 없고 직접 씹어 먹어 봐야 참맛을 알 수 있다는 말
처럼 말도 하고 싶은 말을 마음에만 품고 있으면 아무도 알지 못하기에 공연히 애태우지
말고 입 밖으로 내뱉으라는 뜻이다.

Day 005 아내가 귀여우면 처갓집 말뚝 보고 절을 한다.

아내가 예쁘면 처갓집의 말뚝처럼 하찮은 것까지 좋아 보인다는 뜻으로, 한 가지가 좋으
면 그에 딸린 모든 것이 좋아 보인다는 말이다.

Day 001   다음 속담의 괄호 안에 들어갈 알맞은 단어를 고르세요.

(   ) 치고 (   ) 만진다.

1) 목 – 발   2) 등 – 배   3) 손 – 엉덩이   4) 옆구리 – 배

Day 002   다음 속담의 괄호 안에 들어갈 알맞은 단어를 고르세요.

부뚜막 (   ) 못하는 며느리 (   )에 털만 뽑는다.

1) 땜질 – 이마   2) 청소 – 다리   3) 수리 – 얼굴   4) 청소 – 이마

Day 003   다음 속담의 괄호 안에 들어갈 알맞은 단어를 고르세요.

(   )가 죽으니까 (   )가 슬퍼한다.

1) 호랑이 – 여우   2) 토끼 – 고양이   3) 여우 – 토끼   4) 개 – 고양이

Day 004   다음 초성과 뜻을 보고 속담을 완성해 보세요.

ㅇㅁ / ㄱㅈ / ㅁㄱ

하기 싫은 일을 마지못해 어쩔 수 없이 함을 뜻함.

➡

Day 005   다음 초성과 뜻을 보고 속담을 완성해 보세요.

ㅈㄹㅇㅅ / ㅃ / ㅁㄱ / ㅎㄱㅇㅅ / ㄴ / ㅎㄱㄷ

엉뚱한 곳에서 화풀이한다는 말을 뜻함.

➡

정답

Day 001 2) 등 – 배

남의 등을 치고 나서 배를 만져 주며 그를 구원하는 체한다는 뜻으로, 교활하고 음흉한 자의 행동을 비유적으로 이르는 말이다. 비슷한 속담으로 '병 주고 약 준다', '술 먹여 놓고 해장 가자 부른다'가 있다.

Day 002 1) 땜질 – 이마

부뚜막 옆이 터져 갈라져도 땜질조차 못 하는 며느리가 자기 이마의 털만 뽑고 있다는 의미로, 일은 전혀 할 줄 모르면서 맵시만 내는 밉살스런 행동을 이르는 말이다. 비슷한 속담으로 '동정 못 다는 며느리 맹물 발라 머리 빗는다'가 있다.

Day 003 3) 여우 – 토끼

호사토비(狐死兎悲). '여우가 죽으니 토끼가 슬퍼한다'라는 뜻으로, 같은 부류의 슬픔이나 괴로움 따위를 동정하는 것을 비유하는 고사성어이다. 남의 신세를 보고 자신과 그와 같은 경험을 하게 될 것을 두고 슬퍼하게 된다는 의미이다.

Day 004 울며 겨자 먹기.

겨자는 겨자씨로 만든 매운맛이 나는 양념이다. 그 매운 것을 울면서도 먹는다는 뜻으로 하기 싫은 일을 억지로 할 때 쓰인다. 비슷한 속담으로 '마음에 없는 염불'이 있다.

Day 005 종로에서 뺨 맞고 한강에서 눈 흘긴다.

조선시대 종로에는 나라의 허가를 받아 물건을 판매하던 육의전이 있었는데 육의전 상인들은 물건판매를 독차지하면서 백성들에게 위세를 부렸다. 한편, 한강 마포나루에는 불법이지만 나라에서 백성들을 위해 눈감아 준 난전이 있었다. 이 속담은 위세 높은 육의전 상인들에게 흥정을 벌이다가 봉변을 당해도 아무 말도 못 하다가 한강의 난전에 가서 큰소리를 치거나 화를 푼다고 해서 생겨난 속담이다. 억울한 일을 당한 사람이 자신보다 강한 사람에게는 꼼짝도 못 하면서 약한 사람에게 화를 내는 비겁함을 비꼬는 표현이다.

• 난전 : 허가 없이 길에 임시로 벌여놓은 가게.

Day 001   다음 속담의 괄호 안에 들어갈 알맞은 단어를 고르세요.

봄볕은 (   )를 쬐이고 가을볕은 (   )을 쬐인다.

1) 며느리 – 딸   2) 며느리 – 남편   3) 손녀 – 딸   3) 손자 – 남편

Day 002   다음 속담의 괄호 안에 들어갈 알맞은 단어를 고르세요.

여름비는 (   ) 가을비는 (   ).

1) 장대비 – 부슬비   2) 꽃비 – 낙엽비   3) 잠비 – 떡비   4) 이슬비 – 여우비

Day 003   다음 속담의 괄호 안에 들어갈 알맞은 단어를 고르세요.

(   )에 곡식이 혀를 빼물고 자란다.

1) 마파람   2) 비바람   3) 하늬바람   4) 칼바람

Day 004   다음 초성과 뜻을 보고 속담을 완성해 보세요.

ㅇ / ㅂㅇ / ㅇㅈ / ㄴㄱ

잠깐 효력이 있을 뿐 오래가지는 못한다는 뜻, 즉 임시방편. (힌트 : 오줌)

➡

Day 005   다음 초성과 뜻을 보고 속담을 완성해 보세요.

ㅈㄱㅁㅇㄷ / ㅂㄷ / ㄴ / ㅇㄷ

지금 당장은 힘들어도 언젠가는 좋은 날이 있을 것이라는 뜻.

➡

Day 001 1) 며느리-딸
선선한 가을볕은 딸을 쬐이고 살갗이 잘 타고 거칠어지는 봄볕은 며느리를 쬐인다는 뜻으로 시어머니는 며느리보다 제 딸을 더 아낌을 비유적으로 이르는 말이다. 비슷한 속담으로 '배 썩은 것은 딸을 주고 밤 썩은 것은 며느리 준다', '딸에게는 팥죽 주고 며느리에게는 콩죽 준다'가 있다.

Day 002 3) 잠비-떡비
여름에 비가 오면 일을 쉬고 다른 할 일이 없어 낮잠을 자게 되므로 잠자기 좋고, 가을에 비가 오면 일을 쉬면서 풍성한 수확물로 떡을 해서 먹게 된다는 뜻이다. 관련 속담으로 '여름비는 더워야 오고 가을비는 추워야 온다'가 있다.

Day 003 1) 마파람
가을이 오려고 남풍이 불기 시작하면 모든 곡식들은 놀랄 만큼 빨리 자라서 익어 간다는 말이다. 마파람은 뱃사람들의 은어로 남풍을 이르는 말, 서풍을 이르는 말이 하늬바람이다. 관련 속담으로 '마파람에 호박 꼭지 떨어진다'라는 말이 있는데, 남쪽 바람을 맞아 호박 꼭지가 떨어진다는 뜻이다.

Day 004 언 발에 오줌 누기.
언 발에 오줌을 누면 잠깐은 따뜻함을 느끼지만 바로 더 큰 추위를 느끼게 된다는 뜻으로 잠깐의 해결일 뿐 근본적인 해결방법은 될 수 없음을 나타내는 말, 즉 임시방편을 뜻한다. 비슷한 속담으로 '아랫돌 빼서 윗돌에 괴기', '지혜로운 어부는 그물을 촘촘하게 짜지 않는다'가 있다.

Day 005 쥐구멍에도 볕들 날 있다.
쥐구멍은 쥐들이 왔다갔다하기 위해 벽에 뚫어 놓은 구멍으로 작아서 해가 잘 들어오지 않는다. 이런 작은 구멍에도 햇볕이 들 날이 온다는 뜻으로 아무리 어려운 상황이라도 낙심하지 말고 희망을 가지면 좋은 날이 올 것이라는 말이다.

Day 001   다음 속담의 괄호 안에 들어갈 알맞은 단어를 고르세요.

장꾼은 하나인데 (   )는 열둘이라.

1) 쑥부쟁이   2) 풍각쟁이   3) 개구쟁이   4) 고집쟁이

Day 002   다음 속담의 괄호 안에 들어갈 알맞은 단어를 고르세요.

죄지은 놈 원님 (   )에다 큰절을 한다.

1) 빈자리   2) 앞자리   3) 뒷자리   4) 돗자리

Day 003   다음 속담의 괄호 안에 들어갈 알맞은 단어를 고르세요.

(   )은 바리로 싣고 (   )은 꼬치로 꿴다.

1) 인정 – 진상   2) 진상 – 인정   3) 진심 – 감정   4) 감정 – 진심

Day 004   다음 초성과 뜻을 보고 속담을 완성해 보세요.

ㅅ / ㅇㅇ / ㄱㅁㅈ / ㅊㄹ

살림이 아무리 어려워도 사람은 굶어 죽지 않음을 뜻함.

➡

Day 005   다음 초성과 뜻을 보고 속담을 완성해 보세요.

ㅂㅈ / ㄴㅇㅈㅁ / ㅇㅇㄹ / ㅎㄷ

속마음으로는 탐탁지 않게 생각하면서 겉으로는 좋아하는 척한다는 뜻.

(힌트 : 봇짐)

➡

Day 001 2) 풍각쟁이

여러 사람이 저마다 적당히 구실을 붙여 한 사람에게 돈이나 물건 따위를 받아 가는 경우를 이르는 말로 정작 중요한 사람보다 곁다리나 부차적인 구경꾼이 더 많다는 말이다.

- 장꾼 : 장에서 물건을 사고파는 사람.
- 풍각쟁이 : 장거리나 집집으로 돌아다니면서 풍류 소리를 들려주고 돈을 얻어가는 사람.

Day 002 4) 돗자리

죄를 지은 사람은 굽실거리게 마련임을 비유적으로 이르는 말로 '도둑이 제 발 저린다'와 비슷하게 쓰인다.

Day 003 1) 인정-진상

정작 진상할 물건은 조금 준비하고 뇌물로 바칠 물건은 많이 준비한다는 의미로 본인의 이해관계에 얽혀 있는 일에 더 마음을 쓴다는 말이다.

- 인정 : 뇌물을 이르는 말.
- 진상 : 진귀한 물품이나 지방의 토산물을 임금이나 고관에게 바침.
- 바리 : 마소의 등에 잔뜩 실은 짐.
- 꼬치 : 꼬챙이에 꿴 물건을 세는 단위.

Day 004 산 입에 거미줄 치랴.

거미가 사람의 입에 거미줄을 치려면 아무것도 먹고 있지 않아야 한다는 뜻으로 아무리 살림이 어려워 식량이 떨어져도 사람은 그럭저럭 죽지 않고 먹고 산다는 것을 비유적으로 나타낸 말이다. 그러니 너무 걱정하지 말고 살아가라는 말이다. 비슷한 속담으로 '사람이 굶어 죽으라는 법은 없다'가 있다. 사자성어로 '생구불망(生口不網)'이라고 한다.

Day 005 봇짐 내어주며 앉으라 한다.

보따리를 내어주는 행동은 빨리 가면 좋겠다는 뜻이다. 몸으로는 빨리 떠나라고 하면서 말로는 좀 더 있으라고 한다는 소리로 속으로는 다른 생각을 하면서 말로는 그럴듯하게 인사치레를 한다는 뜻이다. 사자성어로 '표리부동(表裏不同)'이라고 한다.

Day 001　다음 속담의 괄호 안에 들어갈 알맞은 단어를 고르세요.

범은 그려도 (　　　　　　　)는 못 그린다.

1) 뼈다귀　　　2) 장기　　　3) 뼈마디　　　4) 초상화

Day 002　다음 속담의 괄호 안에 들어갈 알맞은 단어를 고르세요.

밤눈 어두운 말이 (　　　　　　　) 듣고 따라간다.

1) 노래 소리　　　2) 울음 소리　　　3) 천둥 소리　　　4) 워낭 소리

Day 003　다음 속담의 괄호 안에 들어갈 알맞은 단어를 고르세요.

감기는 (　　　　　　　)에 내려앉는다.

1) 밥상머리　　　2) 베갯머리　　　3) 양지머리　　　4) 책상머리

Day 004   다음 초성과 뜻을 보고 속담을 완성해 보세요.

ㅁㅍㄹㅇ / ㄱ / ㄴ / ㄱㅊㄷ

음식을 빨리 먹거나 일을 빨리 해치운다는 뜻.

➡

Day 005   다음 초성과 뜻을 보고 속담을 완성해 보세요.

ㄸㄹㄷ / ㄸㄹㅂㄱ / ㄱㄴㄹ

아무리 잘 아는 일이라도 꼼꼼하게 확인하고 조심성 있게 하라는 말.

➡

Day 001 1) 뼈다귀
범은 그릴 수 있으나 가죽 속에 있는 뼈는 그릴 수 없다는 뜻. 겉모양이나 형식은 쉽게 파악할 수 있어도 그 속에 담긴 내용은 알기 어려움을 비유적으로 이르는 말이다. 사람의 겉만 보아서는 그 사람의 속마음은 알 수 없다.

Day 002 4) 워낭 소리
밤눈이 어두운 말이 자기 턱 밑에 달린 쇠고리의 소리를 듣고 따라간다는 뜻으로, 맹목적으로 남이 하는 대로 따라서 함을 비유적으로 이르는 말이다.

Day 003 1) 밥상머리
감기가 들어 앓고 있다가도 밥상을 받으면 앓는 사람 같지 않게 잘 먹는다는 말로 밥만 잘 먹으면 감기 정도는 절로 물러간다는 뜻이다. 감기에 관련된 속담으로 '세상 인심이 감기고뿔도 남 주기 싫어 한다'가 있다. 인심이 나빠 무엇이든 남에게 주기 싫어 해로운 감기조차 주지 않는 것처럼 인심이 몹시 박하고 인색하다는 말이다.

Day 004 마파람에 게 눈 감추듯.
물기가 많은 남풍을 마파람이라고 하는데 비를 몰고 오는 경우가 많아서 게는 마파람이 불기만 하면 미리 겁을 먹고 급히 눈을 몸속으로 감추고 구멍으로 숨어 버린다. 즉, 매우 빨리 무언가를 해내는 것을 이르는 속담이다. 비슷한 속담으로 '두꺼비 파리 잡아먹듯', '사냥개 언 똥 들어먹듯', '언청이 굴회 마시듯'이 있다.

Day 005 돌다리도 두드려보고 건너라.
아무리 튼튼해 보이는 돌다리도 안전을 확인한 다음에 건너야 한다는 뜻으로 어떤 일이든 신중하게 처리하고 조심하라는 말이다. 비슷한 속담으로 '얕은 내도 깊게 건너라', '아는 길도 물어 가라'가 있다.

Day 001   다음 속담의 괄호 안에 들어갈 알맞은 단어를 고르세요.

막걸리 거르려다 (   )도 못 거른다.

1) 지게미   2) 탁배기   3) 소주   4) 가재미

Day 002   다음 속담의 괄호 안에 들어갈 알맞은 단어를 고르세요.

밥이 얼굴에 (   ) 붙었다.

1) 어여쁘게   2) 깨알같이   3) 더덕더덕   4) 덕지덕지

Day 003   다음 속담의 괄호 안에 들어갈 알맞은 단어를 고르세요.

반달 같은 (   ) 있으면 온달 같은 (   ) 삼겠다.

1) 딸 - 사위   2) 아들 - 며느리   3) 며느리 - 사위   4) 딸 - 아들

Day 004   다음 초성과 뜻을 보고 속담을 완성해 보세요.

ㄱㅇ / ㄱㅁ / ㄱㄱㅇ / ㅋㅇ / ㄱㅁ / ㅋㄱㅇ

어떤 원칙이 있는 것이 아니라, 이렇게도 저렇게도 둘러대기에 달렸다는 뜻.

➡

Day 005   다음 초성과 뜻을 보고 속담을 완성해 보세요.

ㄸ / ㅂ / ㄱㅇ / ㅈㅅ / ㅈㄴㄷ

기회가 왔을 때 해야 하는 일을 함께 해버린다는 말.

➡

Day 001 1) 지게미

큰 이익을 보려다가 도리어 손해만 보았다는 말이다.

- 지게미 : 술을 거르고 남은 찌꺼기.
- 탁배기 : 막걸리의 방언.

Day 002 3) 더덕더덕

얼굴이 복이 있게 생겨서 잘살 수 있음을 나타내는 말이다. 밥 관련 속담으로 밥이 없어서 남한테 겨우 빌어다가 그대로도 못 먹고 죽을 쑤어 먹을 사람이라는 뜻으로, 게으르고 어리석은 사람을 비유적으로 이르는 말인 '밥 빌어다가 죽을 쑤어 먹을 놈', 일이 어떻게 되느냐는 결과를 보아야 알 수 있다는 뜻으로, 미리부터 이러쿵저러쿵할 필요가 없음을 비유적으로 이르는 말인 '밥인지 죽인지는 솥뚜껑을 열어 보아야 안다'가 있다.

Day 003 1) 딸-사위

고운 딸이 있어야 잘난 사위를 맞을 수 있다는 뜻으로, 내가 가진 것이 좋아야 맞먹는 좋은 것을 요구할 수 있음을 비유적으로 표현한 말이다. '내로남불'과 반대되는 말.

Day 004 귀에 걸면 귀걸이 코에 걸면 코걸이.

어떤 사물을 보는 관점에 따라 다르게 해석할 때 쓰는 표현으로 무언가를 정해 놓지 않고 이렇게 말하거나 저렇게 말하는 것에 따라서 이것도 되고 저것도 되는 것을 말한다. 타당한 근거와 원인에 대해 밝히지 않고 이로운 대로 이유를 붙인 경우에도 쓰인다.

Day 005 떡 본 김에 제사 지낸다.

옛날에 떡은 귀한 음식이면서 제사 지낼 때 꼭 필요한 음식이었다. 우연히 떡이 생겼을 때 제사를 지낸다는 뜻으로 기회가 왔을 때 해야 하는 일을 함께 해버린다는 말이다. '떡'이 들어간 속담으로 '싼 게 비지떡이다', '남의 손에 떡은 더 커 보인다', '누워서 떡 먹기', '어른 말을 들으면 자다가도 떡이 생긴다', '떡 줄 사람은 꿈도 안 꾸는데 김칫국부터 마신다'가 있다.

Day 001   다음 속담의 괄호 안에 들어갈 알맞은 단어를 고르세요.

죽사발이 (   )이요 밥사발이 (   )이라.

1) 고생 – 공명   2) 공명 – 고생   3) 웃음 – 눈물   4) 눈물 – 웃음

Day 002   다음 속담의 괄호 안에 들어갈 알맞은 단어를 고르세요.

(   )도 쥐를 잡는 데는 (   )만 못하다.

1) 호랑이 – 고양이   2) 고양이 – 사람   3) 송아지 – 말   4) 천리준마 – 고양이

Day 003   다음 속담의 괄호 안에 들어갈 알맞은 단어를 고르세요.

족제비는 (   ) 보고 잡는다.

1) 머리   2) 꼬리   3) 입   4) 털

Day 004   다음 초성과 뜻을 보고 속담을 완성해 보세요.

ㅇㅇㅅ / ㅈㄱ / ㅅㅅ / ㅂㄴㄷ

빌려주기는 쉬우나 돌려받기는 어렵다는 뜻.

➡

Day 005   다음 초성과 뜻을 보고 속담을 완성해 보세요.

ㅇㅁㅇ / ㄱ / ㅅㄴ / ㅊㄴㄷ

일의 순서도 모르고 성급하게 덤비는, 성격이 매우 급함을 뜻함.

➡

Day 001 3) 웃음-눈물

죽이 밥에 비해 가난을 의미하나 가난하게 살더라도 근심 없이 사는 게 좋다는 속담이다. 먹을 것이 있어도 근심과 걱정 속에 지내는 것보다 가난하게 살더라도 걱정 없이 사는 편이 낫다는 말이다.

Day 002 4) 천리준마-고양이

하루에 천 리를 달릴 수 있는 준마도 쥐를 잡는 데는 고양이를 능가할 수 없다는 뜻으로, 아무리 훌륭한 사람이라도 모든 일에 다 능할 수는 없으며 사람마다 다 각기 다른 재주가 있음을 비유적으로 이르는 말이다.

Day 003 2) 꼬리

족제비는 긴요하게 쓸 부분인 꼬리가 있기 때문에 잡는다는 뜻으로 모든 일은 까닭이 있어 행한다는 말이다. 무슨 일이나 다 쓸모를 보고 적합한 사람을 쓴다는 뜻이다.

Day 004 앉아서 주고 서서 받는다.

앉아 있는 것은 쉽고 서 있는 것은 어렵다. 빌려 갈 때는 간절한 마음으로 꼭 약속한 기간에 돌려줄 것을 다짐하지만 갚을 때가 되면 오히려 받을 사람이 사정을 하게 되기도 한다. 즉, 빌려 간 돈은 받기 힘들다는 뜻이다.

Day 005 우물에 가 숭늉 찾는다.

밥을 지은 솥에서 밥을 퍼낸 다음 바닥에 눌어붙은 누룽지를 긁지 않고 물을 붓고 오랜 시간 끓이면 구수한 맛이 나는 숭늉이 된다. 즉, 일에는 질서와 차례가 있는 법인데 차례를 무시하고 성급하게 덤비는 행동을 비꼬는 말이다. 비슷한 속담으로 '급하면 바늘허리에 실 매어 쓸까', '콩밭에 가서 두부 찾는다', '돼지 꼬리 잡고 순대 달란다'가 있다.

Day 001　　다음 속담의 괄호 안에 들어갈 알맞은 단어를 고르세요.

(　　　　　　) 사람 묶은 있어도 (　　　　　　) 사람 묶은 없다.

1) 착한 – 나쁜　　　2) 나간 – 자는　　　3) 노는 – 쉬는　　　4) 먹는 – 굶는

Day 002　　다음 속담의 괄호 안에 들어갈 알맞은 단어를 고르세요.

(　　　　　　) 밑에 가시 드는 줄은 알아도 (　　　　　　) 안에 쉬 스는
줄은 모른다.

1) 손톱 – 염통　　　2) 발톱 – 대장　　　3) 손톱 – 발톱　　　4) 얼굴 – 배꼽

Day 003　　다음 속담의 괄호 안에 들어갈 알맞은 단어를 고르세요.

(　　　　　　)에는 맘이 없고 (　　　　　　)에만 맘이 있다.

1) 잿밥 – 염불　　　2) 염불 – 잿밥　　　3) 밥 – 반찬　　　4) 공부 – 운동

Day 004   다음 초성과 뜻을 보고 속담을 완성해 보세요.

ㅁㅇ / ㅁㅇㅁ / ㅆ / ㅁㅇ / ㅈㄷ

가능한 한 말은 적게 하는 것이 좋다는 뜻.

➡

Day 005   다음 초성과 뜻을 보고 속담을 완성해 보세요.

ㄱㄹㅇ / ㄸ

아무리 마음에 들어도 이용할 수 없거나 차지할 수 없는 경우를 이르는 말.

➡

정답

Day 001 2) 나간-자는
밖에 나간 사람은 일하러 나갔으니 무언가 득이 되는 것이 있을 때 그 몫을 남겨주지만 자고 있는 사람은 일을 하지 않았기에 제 몫을 남겨주지 않는다는 뜻으로 게으른 사람에게는 혜택이 돌아가지 아니함을 비유적으로 이르는 말이다.

Day 002 1) 손톱-염통
손톱 밑에 작은 가시가 들어가면 통증 때문에 곧바로 알 수 있지만 염통 안에 곤충알이 생겨도 통증이 없으면 알 수 없다는 의미로 눈앞에 보이는 사소한 이해관계에는 밝아도 잘 드러나지 않는 큰 문제는 깨닫지 못하는 어리석음을 비웃는 표현이다.
- 쉬 : 파리의 알.
- 슨다 : 곰팡이나 곤충의 알 등이 생긴다는 말.

Day 003 2) 염불-잿밥
'염불'은 부처님의 공덕을 생각하면서 불교 경전을 암송하는 것이고, '잿밥'은 불공할 때 부처님 앞에 놓는 음식을 뜻한다. 본인이 해야 할 일에는 정성을 들이지 않고 자기에게 올 이익만을 생각한다는 뜻이다. 비슷한 속담으로 '조상에는 정신없고 팥죽에만 정신이 간다'가 있다.

Day 004 말이 많으면 쓸 말이 적다.
말을 많이 하다보면 잘못된 말이나 마음에도 없는 쓸모없는 말도 하게 된다. 그러다 보면 오해도 생기고 관계에서 문제가 발생할 수 있으므로 가능한 한 말을 적게 하는 것이 좋다는 뜻이다.

Day 005 그림의 떡.
탐스럽지만 손에 넣을 수 없다는 뜻으로, 바라는 모습이기는 하나 실제로 이용할 수 없거나 이루어지기 힘든 경우를 이르는 말이다. 비슷한 속담으로 '말하는 매실', '목마른 사람에게 물소리만 듣고 갈을 축이라 한다', '보고 못 먹는 것은 그림의 떡'이 있다.

Day 001   다음 속담의 괄호 안에 들어갈 알맞은 단어를 고르세요.

(   )의 머리가 될지언정 (   )의 꼬리는 되지 마라.

1) 닭-개   2) 양-용   3) 꿩-용   4) 닭-소

Day 002   다음 속담의 괄호 안에 들어갈 알맞은 단어를 고르세요.

(   )에 가야 꿩을 잡고 (   )에 가야 고기를 잡는다.

1) 산-바다   2) 숲-산   3) 산-강   4) 집-학교

Day 003   다음 속담의 괄호 안에 들어갈 알맞은 단어를 고르세요.

백 번 (   )보다 한 번 (   )이 낫다.

1) 사는 것-죽는 것   2) 사과-칭찬   3) 듣는 것-보는 것   4) 우는 것-웃는 것

Day 004   다음 초성과 뜻을 보고 속담을 완성해 보세요.

ㅁㅁㄹ / ㄴㅇ / ㅇㅁ / ㅍㄷ

급하고 간절한 사람이 필요한 일을 서둘러 하게 되어 있다는 말.

➡

Day 005   다음 초성과 뜻을 보고 속담을 완성해 보세요.

ㄷㄴ / ㅈㅇ / ㅁㄹㄷ / ㄴㄴ / ㅈㅇ / ㅇㄷ

정드는 것은 느끼기 힘들어도 정이 식어가는 것은 뚜렷하게 느낄 수 있다는 말.
(힌트 : 드는)

➡

정답

Day 001 4) 닭-소
어떠한 조직의 머리가 되면 자기 뜻대로 할 수 있지만 꼬리가 되면 자기 뜻을 제대로 펼치지 못하고 시키는 일만 해야 한다. 즉, 큰 조직에서의 심부름꾼 역할보다는 작은 조직에서의 우두머리 역할이 낫다는 이야기로 끌려다니는 인생보다 이끌어가는 삶을 살아야 한다는 말이기도 하다.

Day 002 1) 산-바다
꿩은 산에 가야 잡고 고기는 바다에 가야 잡을 수 있다는 말로 목적하는 방향을 잘 잡아 노력해야 목적을 이룰 수 있음을 비유적으로 이르는 말이다. 무슨 일이든 가만히 있으면 이룰 수 없으니 발 벗고 힘을 들여야 이루어진다는 뜻. 비슷한 속담으로 '산에 가야 범을 잡지'가 있다.

Day 003 3) 듣는 것-보는 것
남의 말을 아무리 많이 들어도 자신이 직접 확인해 보는 것이 제일 정확하다는 말로, '백문(百聞)이 불여일견(不如一見)'이란 말로도 쓰인다.

Day 004 목마른 놈이 우물 판다.
목마른 사람에게 지금 당장 필요한 것은 물이므로 물을 얻기 위해 우물을 파야 한다. 어떤 일이든지 급하고 아쉬운 사람이 먼저 발 벗고 나서게 된다는 뜻이다. 반대 의미의 말로 '배부른 흥정'이 있다.

Day 005 드는 정은 몰라도 나는 정은 안다.
정이 들 때는 알게 모르게 쌓이기 때문에 잘 느끼지 못하지만 정이 든 사람이 떠나면 그 허전함은 이루 말할 수 없다. 또한 사람이 싫어지는 건 한순간이라는 뜻이기도 하다. 비슷한 말로 '드는 줄은 몰라도 나는 줄은 안다', '불어나는 것은 잘 모르지만 부족해지는 것은 크게 느껴진다'는 말이 있다.

Day 001   다음 속담의 괄호 안에 들어갈 알맞은 단어를 고르세요.

당장 먹기에는 (   )이 달다.

1) 사탕   2) 소금   3) 곶감   4) 설탕

Day 002   다음 속담의 괄호 안에 들어갈 알맞은 단어를 고르세요.

(   )는 칠수록 고와지고 (   )은 할수록 거칠어진다.

1) 가루 – 말   2) 물장구 – 싸움   3) 피부 – 입술   4) 쌀가루 – 싸움

Day 003   다음 속담의 괄호 안에 들어갈 알맞은 단어를 고르세요.

(   ) 조개 (   ) 낙지.

1) 여름 – 겨울   2) 봄 – 가을   3) 맛 – 산   4) 가을 – 겨울

Day 004   다음 초성과 뜻을 보고 속담을 완성해 보세요.

ㅈㄷㅁ / ㅈ / ㅌ / ㅈㅁㄷㅁ / ㅈㅅ / ㅌ

잘된 일은 자신의 공로로 생각하고 잘못된 일은 남에게 책임을 전가시킴을
뜻함.

➡

Day 005   다음 초성과 뜻을 보고 속담을 완성해 보세요.

ㅅㅈㅇ / ㅂㅊ

어려운 상황에 처하면 그동안 꼭 필요하다고 생각했던 것도 반드시 필요한 것
이 아니라는 사실을 깨닫게 된다는 말.

➡

정답

Day 001 3) 곶감

당장의 좋고 편한 것에 이끌려 나중에 해가 될 것을 생각하지 않는다는 말로 뒷일이야 어떻게 되든 당장의 이익만을 생각한다는 말이다. 비슷한 속담으로 '외상이면 소도 잡아먹는다', '내일의 닭은 모르고 오늘의 달걀만 안다'가 있다.

Day 002 1) 가루-말

말이란 많아지고 길어질수록 말다툼이 생길 수 있으니 불필요한 말을 하지 말라는 의미다. 비슷한 속담으로 '곡식은 될수록 줄고 말은 할수록 는다'가 있는데, 곡식을 됫박으로 퍼서 이리저리 옮기다 보면 흘리게 되어 양이 줄고 말이란 하면 할수록 없던 말도 덧붙여져 처음과 다른 내용으로 바뀌는 경우가 많아 오해가 생김을 의미한다.

Day 003 2) 봄-가을

조개는 봄에 나온 것이 맛있고 낙지는 가을에 잡은 것이 맛있듯이 음식은 제철에 나온 것이 제일 좋은 맛을 낸다는 뜻이다. 무엇이든 제때가 되어야 자신의 구실을 하게 됨을 비유적으로 이르는 말이다. 비슷한 속담으로 '봄 멸치 가을 전어'가 있다.

Day 004 잘되면 제 탓 잘못되면 조상 탓.

잘되면 자신의 덕이고 못되면 조상의 탓이라는 말로 성공은 자기의 공으로 돌리고 실패하면 남의 탓으로 돌린다는 의미이다.

Day 005 시장이 반찬.

배고프면 무엇이나 다 맛있다는 말로 밥은 반찬과 같이 먹는데 배가 고프면 반찬 없이도 밥을 맛있게 먹을 수 있다는 말이다. 즉, 어려운 상황에 처하면 그동안 꼭 필요하다고 생각했던 것도 반드시 필요한 것이 아니었다는 사실을 깨닫게 된다는 말이다.

Day 001   다음 속담의 괄호 안에 들어갈 알맞은 단어를 고르세요.

아버지는 아들이 (　　　　　　) 하면 기뻐하고 형은 아우가 더 낫다고 하면 (　　　　　)를 낸다.

1) 잘났다고 – 화　　　　　　2) 화났다고 – 큰소리

3) 좋다고 – 울음소리　　　　4) 슬프다고 – 고함소리

Day 002   다음 속담의 괄호 안에 들어갈 알맞은 단어를 고르세요.

(　　　　　)의 말도 들어야 (　　　　　　)의 말도 듣는다.

1) 아빠 – 엄마　　2) 손님 – 주인　　3) 하느님 – 부처님　　4) 동생 – 형

Day 003   다음 속담의 괄호 안에 들어갈 알맞은 단어를 고르세요.

뱀이 용 되어 (　　　　　)한다.

1) 헛소리　　2) 큰소리　　3) 소곤소곤　　4) 하품

Day **004**   다음 초성과 뜻을 보고 속담을 완성해 보세요.

ㅂㄹㄷ / ㄴㅉㅇ / ㅇㄷ

잘못을 하고도 부끄러운지 모르고 뻔뻔하게 행동함을 의미함. (힌트 : 낯짝)

➡

Day **005**   다음 초성과 뜻을 보고 속담을 완성해 보세요.

ㅅㅇㅇ / ㅅ / ㅈㄹㄷ / ㅁㅇㅇ / ㅇㅂ

배가 불러야 체면도 차릴 수 있다는 말로 먹는 일이 중요함을 의미함.

➡

정답

Day 001 1) 잘났다고-화
아버지는 자식이 자기보다 잘난 것을 좋아하지만 형제간에는 그렇지 못함을 이르는 말로 형제간의 우애가 아무리 좋아도 부모님의 사랑을 넘을 수 없다는 말이다.

Day 002 4) 동생-형
나이가 많다고 무조건 아랫사람의 말을 대충 듣거나 무시하면 안 된다는 말로 아무리 형제간이라도 서로서로 은혜를 베풀고 갚으면서 살아야 한다는 말이다.

Day 003 2) 큰소리
변변찮거나 하찮은 사람이 신분이 귀하게 되어 아니꼽게 큰소리친다는 말이다. 비슷한 속담으로 '개구리 올챙이 적 생각 못 한다'가 있다.

Day 004 벼룩도 낯짝이 있다.
'낯짝'은 얼굴이라는 뜻이고 얼굴을 들 수 있다는 의미로 양심이 있고 부끄러움을 안다는 뜻이다. 곤충인 벼룩도 부끄러움을 아는데 사람이 부끄러움을 몰라서야 되겠냐는 이야기로 몹시 뻔뻔한 사람을 비난할 때 쓰는 표현이다.

Day 005 수염이 석 자라도 먹어야 양반.
한 자가 대략 30센티미터 정도이니 석 자는 약 1미터를 뜻한다. 옛날 양반들은 수염이 길어야 양반답다고 여겼다. 그러나 아무리 양반답게 수염을 길러도 배가 불러야 체면을 차릴 수 있다는 뜻으로, 먹는 것이 중요함을 비유적으로 이르는 말이다.

Day 001 다음 속담의 괄호 안에 들어갈 알맞은 단어를 고르세요.

등을 쓰다듬어 준 강아지 (   ) 문다.

1) 발등   2) 뒤꿈치   3) 정강이   4) 손등

Day 002 다음 속담의 괄호 안에 들어갈 알맞은 단어를 고르세요.

얼굴 보아 가며 (   ) 짓는다.

1) 미소   2) 별명   3) 이름   4) 표정

Day 003 다음 속담의 괄호 안에 들어갈 알맞은 단어를 고르세요.

백옥이 (   )에 묻힌다.

1) 진토   2) 국토   3) 진흙   4) 농토

Day 004   다음 초성과 뜻을 보고 속담을 완성해 보세요.

ㄷㅁ / ㅅㅋㄱ / ㅆㅁ / ㅂㄴㄷ

자신의 비위에 따라서 사리의 옳고 그름을 판단함을 이르는 말.

➡

Day 005   다음 초성과 뜻을 보고 속담을 완성해 보세요.

ㅁㄹ / ㄱㄷ / ㅅㅇㅁ / ㄱㅁ / ㄷㄷ

수단과 방법 가리지 않고 목적만 달성하면 됨을 의미함. (힌트 : 서울)

➡

Day 001 1) 발등

은혜를 베풀어준 사람으로부터 도리어 해를 당하는 경우를 비유적으로 이르는 말이다. 비슷한 말로 '은혜를 원수로 갚는다'가 있고, 반대 속담으로 무슨 수단을 써서라도 자기가 입은 은혜는 잊지 않고 꼭 갚겠다는 뜻의 '머리털을 베어 신발을 삼다'가 있다.

Day 002 3) 이름

이름은 사물의 생김이나 대상의 특성에 맞게 지어야 한다는 말로 무슨 일이나 구체적인 조건과 특성에 맞게 처리해야 함을 비유적으로 이르는 말이다. 얼굴에 대한 속담으로 '얼굴이 반쪽이 되다', '얼굴에 먹칠을 하다', '얼굴에 철판을 깔다', '얼굴값을 한다', '일이 곱지 얼굴이 곱나', '자기 얼굴에 침 뱉기' 등이 있다.

Day 003 1) 진토

흰 구슬이 흙먼지 속에 파묻혀 빛을 내지 못한다는 뜻으로 유능한 사람이 재능을 드러내지 못하고 묻혀 있음을 비유적으로 이르는 말이다. 겉으로는 가난하고 구차하게 보이나 본색은 변함없이 훌륭하다는 말이기도 하다.

Day 004 달면 삼키고 쓰면 뱉는다.

옳고 그름이나 정의, 불의는 따지지 않고 오직 자신에게 이로운 일만 열심히 하고 해로운 일은 관심조차 두지 않는 인간의 이기심에 대한 표현이다. 사자성어로 '감탄고토(甘呑苦吐)'라고 한다.

Day 005 모로 가도 서울만 가면 된다.

모로 간다는 말은 가장자리로 간다는 뜻이다. 직진하지 않고 모로 가면 시간이 많이 걸리고 힘이 더 들지만 서울에만 도착하면 문제가 없다. 즉 수단이나 방법이 중요한 게 아니라 결과가 중요하다는 의미의 속담이다.

Day 001 다음 속담의 괄호 안에 들어갈 알맞은 단어를 고르세요.

(   ) 썩는 줄 모르고 기왓장 아끼는 격.

1) 처마 2) 대들보 3) 추녀 4) 서까래

Day 002 다음 속담의 괄호 안에 들어갈 알맞은 단어를 고르세요.

빌어먹는 놈이 (   )을 마다할까.

1) 떡밥 2) 콩밥 3) 식은밥 4) 잡곡밥

Day 003 다음 속담의 괄호 안에 들어갈 알맞은 단어를 고르세요.

좁쌀에 (   ) 판다.

1) 뒤웅 2) 영웅 3) 구멍 4) 간웅

Day 004   다음 초성과 뜻을 보고 속담을 완성해 보세요.

ㄷ / ㅈㅇㅁㄱ / ㅇㄹㅂ / ㄴㅁㄷ

나쁜 일을 해놓고 간사한 꾀로 숨기며 잘못 없다고 잡아뗌을 의미함.

➡

Day 005   다음 초성과 뜻을 보고 속담을 완성해 보세요.

ㄱㅇ / ㅂㅇㄷ / ㅆㄱㅇ / ㅂㅇㄷ / ㅎㄷ

줏대도 지조도 없이 이익에 따라 행동하는 모습을 뜻함.

➡

정답

Day 001 2) 대들보
기왓장 비용을 아껴 저렴한 것을 쓰니 비가 스며들고 결국 대들보가 썩어 집이 무너져 내릴 수 있는 것처럼 앞일에 대한 대비 없이 아끼기만 하는 것을 비유한 말이다. 크게 손해 볼 줄은 모르고 당장 돈이 든다고 사소한 것을 아끼는 어리석은 행동을 나타내는 속담이다.
- 대들보 : 지붕을 떠받치기 위해 기둥과 기둥 사이에 건너지른 보.
- 보 : 윗부분의 무게를 지탱하는 수편 구조재.

Day 002 2) 콩밥
살림이 한창 궁하여 남에게 얻어먹는 판에 콩밥이라고 마다할 수 없다는 뜻으로 본인이 아쉽거나 급히 필요한 일에는 좋고 나쁨을 가릴 겨를이 없음을 비유적으로 이르는 말이다.

Day 003 1) 뒤웅
좁쌀을 파서 뒤웅박을 만든다는 뜻으로 가망이 없는 일을 하는 경우를 비유적으로 이르는 말이다. 뒤웅은 박을 쪼개지 않고 꼭지 근처에 구멍을 뚫어 속을 파낸 바가지이다. 흔히 쓰는 '뒤웅박 팔자'라는 말은 입구가 좁은 뒤웅박 속에 갇힌 팔자라는 뜻으로 일단 신세를 망치면 거기서 헤어나기가 어려움을 비유적으로 이르는 말이다.

Day 004 닭 잡아먹고 오리발 내민다.
닭을 잡아먹은 이웃사람에게 닭주인이 변상을 요구했더니 자기가 먹은 건 오리라고 오리발을 보여줬다는 이야기에서 나온 말이다. 자신이 한 나쁜 짓을 감추고 시치미 떼는 도둑의 행동을 비유한 속담이다.

Day 005 간에 붙었다 쓸개에 붙었다 한다.

우리 조상들은 쓸개를 단순한 신체기관으로 여기지 않고 바른 것을 관장하는 기관으로 결단력이나 담력 등의 기능을 한다고 여겼다. 그래서 지조나 줏대가 없는 사람에게 '쓸개 빠진 놈'이라고 했다. 또한 놀라서 섬뜩할 때 '간담이 서늘하다'라는 말을 하는데 여기서 간담은 간과 쓸개를 말한다. 쓸개가 간 바로 밑에 있어서 마치 간에 달라붙어 있는 것처럼 보이는 위치여서 이런 속담이 만들어졌다고 풀이한다. 자신의 이익만 추구하는 행동을 비웃는 표현으로 '박쥐 같은 사람'이라고도 한다.

Day 001   다음 속담의 괄호 안에 들어갈 알맞은 단어를 고르세요.

벗 줄 것은 없어도 (   ) 줄 것은 있다.

1) 동생   2) 도둑   3) 사슴   4) 선생님

Day 002   다음 속담의 괄호 안에 들어갈 알맞은 단어를 고르세요.

(   ) 칼자루에 옻칠하기.

1) 부러진   2) 날카로운   3) 무딘   4) 까칠한

Day 003   다음 속담의 괄호 안에 들어갈 알맞은 단어를 고르세요.

입맛 나자 (   ) 떨어진다.

1) 쌀   2) 반찬   3) 밥맛   4) 노수

Day 004   다음 초성과 뜻을 보고 속담을 완성해 보세요.

ㅇ / ㅂ / ㅉㅇ / ㅇ / ㄴㅇㄱㄴ / ㄴㅁ / ㅇㄷ

아무리 어려운 일도 끊임없이 노력하면 이루어낼 수 있다는 뜻.

➡

Day 005   다음 초성과 뜻을 보고 속담을 완성해 보세요.

ㅇㅅㄴ / ㅇㄴㅁㄷㄹㅇㅅ / ㅁㄴㄷ

꺼리고 싫어하는 사람을 피할 수 없는 곳에서 만난다는 의미.

➡

정답

Day 001 2) 도둑

친한 친구에게 줄 것이 없는 형편이지만 그래도 도둑이 훔쳐 갈 물건은 있다는 뜻으로 없다 없다 하는 사람도 쓸 만한 것을 다 가지고 있음을 비유적으로 이르는 말이다. 가까운 사람들에게는 매우 인색하나 억지로 빼앗아 가는 데는 못 이김을 비유한다.

Day 002 1) 부러진

부러져서 쓸모없는 칼자루에 옻칠로 장식을 한다는 의미로, 해봐야 아무런 효과도 없는 쓸데없는 일을 함을 비유하는 말이다. 비슷한 속담으로 '조리에 옻칠한다'가 있다.

Day 003 4) 노수

입맛이 없어 먹지 못하는 사람이 입맛이 돌자 여비가 떨어져서 사 먹을 수 없다는 뜻으로 일이 서로 어긋나 틀어지는 경우를 비유적으로 이르는 말이다. 입맛과 관련된 속담으로 '입맛이 반찬', '백 사람의 입맛을 다 맞출 수 없다', '뜻과 같이 되니까 입맛이 변한다', '돈 떨어지자 입맛 난다'가 있다.

> • 노수 : 먼 길을 떠나 오가는 데 드는 비용.

Day 004 열 번 찍어 안 넘어가는 나무 없다.

아무리 단단하고 큰 나무도 계속 찍으면 넘어가는 것처럼 아무리 어려운 일이라도 노력하면 해낼 수 있다는 뜻으로 고집이 무척 센 사람도 여러 번 권하거나 꾀고 달래면 마음을 변화시킬 수 있다는 말이다.

Day 005 원수는 외나무다리에서 만난다.

원수는 나에게 해를 끼쳐 원한이 있는 사람이고, 외나무다리는 중간에서 사람을 만나면 비켜 갈 수가 없는 장소다. 마주치고 싶지 않은 사람을 피할 수 없는 곳에서 만나면 당혹스럽다는 뜻으로 나쁜 짓을 하면 언젠가는 재앙을 만난다는 말이고 살아가면서 원수는 만들지 말아야 한다는 뜻이기도 하다.

Day 001　　다음 속담의 괄호 안에 들어갈 알맞은 단어를 고르세요.

새가 보고 싶거든 (　　　　　　)를 심으랬다.

1) 무　　　2) 나무　　　3) 배추　　　4) 상추

Day 002　　다음 속담의 괄호 안에 들어갈 알맞은 단어를 고르세요.

재주는 (　　　　　)이 넘고 돈은 (　　　　　)이 받는다.

1) 하인 – 주인　　　2) 되놈 – 주인　　　3) 곰 – 되놈　　　4) 사람 – 물건

Day 003　　다음 속담의 괄호 안에 들어갈 알맞은 단어를 고르세요.

(　　　　　) 껍데기는 녹슬지 않는다.

1) 조개　　　2) 돼지　　　3) 달걀　　　4) 빈

Day 004   다음 초성과 뜻을 보고 속담을 완성해 보세요.

ㅅㄷ / ㅇㄷㅇ / ㅇㅇㅇ / ㅂㅂㄷ

무슨 일이든 의지할 곳이 있어야 뜻을 이룰 수 있다는 말.

➡

Day 005   다음 초성과 뜻을 보고 속담을 완성해 보세요.

ㄱㅂㅇㄷ / ㄱㄹㄴ / ㅈㅈㄱ / ㅇㄷ

하찮아 보이는 사람도 재주 하나는 있다는 뜻.

➡

Day 001 2) 나무

새는 나뭇가지에 앉아 있기를 좋아한다. 새가 날아들도록 하고 싶으면 앉을 수 있는 나뭇 가지를 만들어 놓아야 한다는 뜻으로 원하는 것을 얻으려면 먼저 조건을 갖춰야 한다는 이 야기이다.

Day 002 3) 곰-되놈

땀 흘린 사람은 이익을 보지 못하고 땀 흘리지 않은 엉뚱한 사람이 이익을 본다는 의미다. '되놈'은 중국인을 낮잡아 부르는 말로 중국인이 곰을 데리고 와 재주를 보여주고 받은 돈 을 곰에게는 보상하지 않고 혼자서 몽땅 차지했다는 뜻이다.

Day 003 1) 조개

천성이 어질고 착한 사람은 주변의 악한 것에 물들지 않음을 비유적으로 이르는 말이다. 조개 관련 속담으로 남의 덕택으로 거저 이익을 보게 됨을 뜻하는 '남 켠 횃불에 조개 잡 듯'이 있다.

Day 004 소도 언덕이 있어야 비빈다.

소가 가려울 때 언덕에 비벼대면 가려움증을 그나마 해결할 수 있다. 누구나 의지할 곳이 있어야 무슨 일이든 시작하거나 이룰 수가 있음을 비유적으로 이르는 말이다.

Day 005 굼벵이도 구르는 재주가 있다.

재주나 능력을 갖추지 못한 굼벵이지만 구르는 재주가 있다는 뜻으로 아무리 못난 사람일 지라도 한 가지 재주는 있다는 말이다. 못난이라는 이유로 무시해서는 안 된다는 의미로 사용하기도 하지만 능력이 모자라는 사람이 남의 관심을 끌 만한 행동을 할 때 놀림조로 쓰이기도 한다.

Day 001 다음 속담의 괄호 안에 들어갈 알맞은 단어를 고르세요.

가을 (   )는 문 걸어 잠그고 먹는다.

1) 주꾸미   2) 상추   3) 딸기   4) 냉이

Day 002 다음 속담의 괄호 안에 들어갈 알맞은 단어를 고르세요.

(   )는 굶어 죽어도 (   )을 베고 죽는다.

1) 장돌뱅이 – 봇짐   2) 농부 – 씨앗   3) 광부 – 석탄   4) 목수 – 볏짚

Day 003 다음 속담의 괄호 안에 들어갈 알맞은 단어를 고르세요.

(   )가 빠르면 절에 가서도 (   )을 얻어먹는다.

1) 달리기 – 고깃국   2) 달리기 – 쌀밥   3) 눈치 – 새우젓   4) 눈치 – 정종

Day 004　다음 초성과 뜻을 보고 속담을 완성해 보세요.

> ㄱㅈ / ㅁㅇ / ㄴㅁ / ㅂㄹ / ㅈ / ㄴ / ㅇㄷ

자식이나 식구가 많은 집은 항상 소란스럽고 근심거리가 많다는 말.

➡

Day 005　다음 초성과 뜻을 보고 속담을 완성해 보세요.

> ㄱㄸㅂㅇ / ㄱㄹㄷ / ㅇㅅㅇ / ㅈㄷ

아무리 천하고 힘들게 살더라도 죽는 것보다 사는 것이 낫다는 말.

➡

Day 001 2) 상추
가을 상추는 특별히 맛이 좋아 남을 주지 않고 혼자서만 먹는다는 뜻으로 제철에 가장 맛있는 음식을 표현한 말이다. 비슷한 속담으로 '가을 아욱국은 사위만 준다', '가을 전어 굽는 냄새에 집 나갔던 며느리도 돌아온다'가 있다.

Day 002 2) 농부−씨앗
다음 해에 뿌릴 씨앗을 매우 중요하게 여긴 농부의 마음을 표현한 말이기도 하고 굶어 죽을 지경인데도 씨앗으로 밥을 해 먹지 않고 미련스럽게 아끼는 인색함을 뜻하는 말이기도 하다.

Day 003 3) 눈치−새우젓
살생을 금하는 불교는 육식을 허용하지 않는다. 절에 갔는데 타락한 몇몇 승려들이 몰래 그런 것 좀 먹겠다 싶어 눈치가 보이면 은근슬쩍 옆구리 찔러 같이 먹자고 할 수 있을 것이다.

Day 004 가지 많은 나무 바람 잘 날 없다.
바람 잘 날은 바람이 잠자는 날, 즉 편안한 시간을 말한다. 가지가 많으면 바람을 맞는 면적이 크므로 바람에 많이 흔들린다. 그리고 나무는 한 가문이나 집안을 상징하므로 자식이 많으면 부모의 근심 걱정이 사라질 날이 없다는 말이기도 하다.

Day 005 개똥밭에 굴러도 이승이 좋다.
더러운 곳에서 무시받으며 고통스럽게 살지라도 죽는 것보다는 나으니 나쁜 상황에 닥치더라도 슬퍼하지 말라는 말이다. 비슷한 속담으로 '산 개가 죽은 정승보다 낫', '땡감을 따먹어도 이승이 좋다'가 있다.

Week

end

베트남 속담

다정하게 말하는 것에는 돈이 들지 않는다.

말은 일상생활에 큰 영향을 끼치는 것이니 말을 할 때는 애써 조심하라는 뜻으로, 부드러운 말이 처세에 유리함을 뜻한다.

● 초성을 바탕으로 우리나라의 비슷한 속담을 맞혀 보세요.

ㅁ / ㅎㅁㄷㅇ / ㅊ / ㄴ / ㅂㅇ / ㄱㄴㄷ

몽골 속담

음메 음메 울다가 가축이 되고 울고 울다가 사람이 된다.

세상을 살아가면서 온갖 어려움을 겪어 본 후에야 진정한 성장을 한다는 뜻이다.

● 초성을 바탕으로 우리나라의 비슷한 속담을 맞혀 보세요.

ㄱㅅ / ㄲㅇ / ㄴㅇ / ㅇㄷ

 **케냐 속담**

코끼리들이 싸우면 다치는 건 잔디다.

힘 있는 자들끼리 싸우면 아무 상관도 없는 약자만 중간에 끼어 고통을 받는 다는 의미이다.

● 초성을 바탕으로 우리나라의 비슷한 속담을 맞혀 보세요.

> ㄱㄹ / ㅆㅇㅇ / ㅅㅇㄷ / ㅌㅈㄷ

카메룬 속담

야자수 정상으로 가는 지름길은 없다.

무언가를 성취하려면 노력해야 하고 노력하다 보면 원하는 결과를 얻을 수 있 다는 뜻으로 차분하게, 천천히 이루어가는 노력의 중요성을 강조한다.

● 초성을 바탕으로 우리나라의 비슷한 속담을 맞혀 보세요.

> ㅇㄷ / ㄱㅇㅇ / ㅂㅇ / ㄴㄷ

캄보디아 속담

비극은 똥 탓이다.

사냥꾼이 새가 남긴 배설물을 이용해 새를 쫓아다니는 것에서 유래한 말로
자기 잘못은 모르고 공연히 남의 탓만 함을 나타내는 말이다.

● 초성을 바탕으로 우리나라의 비슷한 속담을 맞혀 보세요.

ㅈㄴㅇ / ㄴㅇㅈㅁ / ㅈㅍㅇ / ㄴㅃㄷ / ㅎㄷ

 ## 태국 속담

가마를 탄 두꺼비.

신분이 낮았던 사람이 출세한 후에 그전의 일을 잊고 거만하게 구는 것을 비
유한 말이다.

● 초성을 바탕으로 우리나라의 비슷한 속담을 맞혀 보세요.

ㄱㄱㄹ / ㅇㅊㅇ / ㅈ / ㅅㄱ / ㅁ / ㅎㄷ

정답

베트남 **말 한마디에 천 냥 빚을 갚는다.**

말 한마디에 어떤 어려움도 해결할 수 있다는 뜻을 담고 있다. 말 한마디로 엄청난 액수의
빚을 대신 갚을 수 있을 만큼 그 한 마디가 중요하다는 것을 일깨워 준다.

몽골 **고생 끝에 낙이 온다.**

어려운 일을 겪고 난 뒤에는 반드시 좋은 일이 생긴다는 말이다. 고생하며 자신의 일에 매
진하고 있는 많은 사람들에게 희망을 줄 때 쓰는 말이다.

케냐 **고래 싸움에 새우 등 터진다.**

고래처럼 힘센 사람끼리 싸우는 통에 공연히 상관없는 사람이 피해를 볼 때 사용하는 말이
다. 무심결에 한 행동으로 다른 사람이 곤란을 겪을 수 있으니 항상 조심해야 한다.

카메룬 **옥도 갈아야 빛이 난다.**

아무리 소질이 좋아도 이것을 잘 닦고 기르지 아니하면 훌륭한 것이 되지 못한다는 말로,
고생을 겪으며 노력을 기울여야 뜻한 바를 이룰 수 있다는 말이다.

캄보디아 **장님이 넘어지면 지팡이 나쁘다 한다.**

제 잘못으로 이미 일이 그릇된 것을 가지고 남을 탓하나 그것은 쓸데없는 짓이라는 말
이다.

태국 **개구리 올챙이 적 생각 못 한다.**

형편이 전보다 나아졌다고 하여 지난날의 어려웠던 때를 생각하지 않고 처음부터 잘난 듯
이 뽐낸다는 말이다.

From
18 Week

to
34 Week

Day 001   다음 속담의 괄호 안에 들어갈 알맞은 단어를 고르세요.

(   ) 가진 놈이 (   ) 가진 놈 못 당한다.

1) 아들 – 딸   2) 돈 – 집   3) 물욕 – 식욕   4) 도끼 – 바늘

Day 002   다음 속담의 괄호 안에 들어갈 알맞은 단어를 고르세요.

(   ) 놓고는 못 웃어도 (   ) 놓고는 웃는다.

1) 돈 – 아이   2) 밥 – 국   3) 사람 – 돈   4) 자식 – 남편

Day 003   다음 속담의 괄호 안에 들어갈 알맞은 단어를 고르세요.

부모는 자식이 한 자만 하면 (   )로 보이고 두 자만 하면
(   )로 보인다.

1) 석 자 – 넉 자   2) 두 자 – 석 자   3) 여우 – 호랑이   4) 부 – 모

Day 004   다음 초성과 뜻을 보고 속담을 완성해 보세요.

ㄱㅂㅇ / ㄷㅌㄹ

따돌림을 받거나 서로 어울리지 못하는 사람이나 물건을 이르는 말.

➡

Day 005   다음 초성과 뜻을 보고 속담을 완성해 보세요.

ㄱㄹ / ㅆㅇㅇ / ㅅㅇ / ㄷ / ㅌㅈㄷ

힘센 사람들의 싸움 때문에 옆에 있던 약한 사람들이 피해를 보게 된다는 말.

➡

정답

Day 001 4) 도끼-바늘

자기 능력만 믿고 여유를 부리다가 낭패를 본다는 말로 도끼질 한 번이면 이긴다고 상대를 깔보고 사정을 슬슬 봐주며 하다가 오히려 바늘 가진 사람의 조심스러운 일격에 당하고 만다는 말이다. 비슷한 속담으로 '힘센 놈의 집 져다놓은 것 없다'가 있다.

Day 002 1) 돈-아이

돈이 많으면 누가 훔쳐 갈까 빌려달라고 할까 하여 근심이 가득하지만 집 안에 아이가 있으면 아이들의 재롱과 커가는 재미에 웃음꽃이 끊이지 않는다. 아이는 항상 집안에 웃음과 행복을 주는 존재라는 의미이다.

Day 003 2) 두 자-석 자

부모는 자식이 한 자만큼 자라면 두 자인 듯 크게 여겨지고 두 자만큼 자라면 석 자인 듯 크게 보인다는 말로, 부모 눈에는 자식이 크고 좋게만 보인다는 뜻이다.

Day 004 개밥에 도토리.

개는 잡식성으로 고기와 곡물을 먹지만 도토리는 먹지 않는다. 개밥에 도토리가 섞여 있으면 개는 혀로 밀쳐 가며 다른 것만 먹고 결국 빈 그릇엔 도토리만 덩그러니 남는다. 여러 사람 속에 섞여 있지만 다른 사람들과 어울리지 못하거나 사람들로부터 따돌림을 당하는 모습과 비슷하다 하여 쓰이고 있다.

Day 005 고래 싸움에 새우 등 터진다.

고래의 먹이는 새우인 경우가 많아 고래가 있는 곳에는 새우 떼가 있게 마련이다. 덩치가 큰 고래를 강자의 모습으로, 등이 굽은 새우를 강자에게 움츠리고 굽실거리며 사는 약자로 표현한 속담이다.

Day 001   다음 속담의 괄호 안에 들어갈 알맞은 단어를 고르세요.

(   ) 줄 사람은 생각도 않는데 (   )부터 마신다.

1) 돈 – 숭늉   2) 밥 – 숭늉   3) 떡 – 김칫국   4) 돈 – 김칫국

Day 002   다음 속담의 괄호 안에 들어갈 알맞은 단어를 고르세요.

똑똑한 (   )보다 얼떨떨한 (   )가 낫다.

1) 아내 – 부모   2) 머리 – 문서   3) 남편 – 아내   4) 사람 – 개

Day 003   다음 속담의 괄호 안에 들어갈 알맞은 단어를 고르세요.

손자를 귀애하면 (   ) 묻은 밥을 먹는다.

1) 코   2) 겨   3) 똥   4) 머리카락

Day 004   다음 초성과 뜻을 보고 속담을 완성해 보세요.

ㄱㅅㅇ / ㄱㅎ / ㄴㄹ

어떠한 일이 신기하기도 하고 기묘해 그 속내를 알 수 없음을 비유적으로 이를 때 사용하는 말.

➡

Day 005   다음 초성과 뜻을 보고 속담을 완성해 보세요.

ㄴㄱ / ㅂㅇ / ㄷㄷㅇ / ㄴ / ㅅㄴ / ㅈ / ㅁㄹㄷ

뒤늦게 시작한 일에 재미를 붙여 정신없이 빠져듦을 뜻함.

➡

Day 001 3) 떡-김칫국

옛날에는 떡을 먹기 전에 김칫국, 즉 김칫국물(동치미나 나박김치 같은 옅은 농도의 무김치 국물로 소화에 도움을 준다)을 마시고 나서 떡을 맛보았다. 이웃에서 떡을 만들고 있는 것을 보고 자신에게도 줄 거라 지레짐작하고 김칫국물을 들이켜고 있다는 것이다. 줄 사람은 생각하지도 않는데 혼자서 받게 될 상황을 기대하는 경솔함을 비꼬는 표현이다.

Day 002 2) 머리-문서

머리로 기억하기보다 간단하게라도 적어두는 것이 여러모로 좋다는 의미이다. 사람의 기억력은 한계가 있고 잘못 기억되기도 하며 시간이 지날수록 흐려지고 왜곡된다. 대충이라도 메모해 놓으면 훗날 기억을 떠올리기에도 좋고 실수 또한 적어지는 법이다. 비슷한 속담으로 '총명이 둔필만 못하다'가 있다.

• 둔필 : 굼뜨고 서툰 글씨나 글.

Day 003 1) 코

손자를 너무 예뻐하면 손자의 코 묻은 밥을 먹게 된다는 말로, 어리석은 사람과 친하게 지내면 손해만 입게 된다는 뜻이다.

Day 004 귀신이 곡할 노릇.

어떠한 일이 신기하기도 하고 기묘해 그 속내를 알 수 없음을 비유적으로 이를 때 사용하는 말이다. 어찌 된 일이지 도무지 영문을 모르겠다는 말. 보통 억울하고 원통하거나 매우 슬플 때는 큰소리로 우는데 귀신조차도 어찌 된 영문인지 몰라 원통해서 크게 울 만큼 감쪽같다는 말이다.

Day 005 늦게 배운 도둑이 날 새는 줄 모른다.

도둑질은 나쁜 짓이지만 들키지 않으면 죄책감은 시간이 흐르면서 무뎌지고 전율과 즐거움을 느낀다. 착실하게 살아온 사람일수록 즐기지 못한 것들에 후회와 미련이 남는다. 참고 일만 해온 세월만큼 새로 빠져든 일에 대한 마음이 간절하여 한도 끝도 없이 그 재미에 빠져들어 버리는 것이다. 어수룩한 사람이 한번 재미를 알게 되면 유난스러운 행동도 하게 됨을 이르는 말이다.

Day 001   다음 속담의 괄호 안에 들어갈 알맞은 단어를 고르세요.

(   ) 보고 (   ) 빼기.

1) 바위 – 보   2) 모기 – 칼   3) 얼굴 – 점   4) 화투 – 밑장

Day 002   다음 속담의 괄호 안에 들어갈 알맞은 단어를 고르세요.

(   )이 천 냥이면 (   )이 구백 냥.

1) 말 – 닭   2) 논 – 밭   3) 몸 – 눈   4) 장옷 – 갓

Day 003   다음 속담의 괄호 안에 들어갈 알맞은 단어를 고르세요.

누더기 속에서 (   ) 난다.

1) 부귀영화   2) 인물   3) 영웅   4) 암행어사

Day 004   다음 초성과 뜻을 보고 속담을 완성해 보세요.

ㄷ / ㅇㅇ / ㄷ / ㅈ

아무리 노력해도 벗어날 수 없고 꼼짝할 수 없는 처지를 뜻함.

➡

Day 005   다음 초성과 뜻을 보고 속담을 완성해 보세요.

ㄸㅂㄱㅂㄷ / ㅈㅁ

겉모양은 보잘것없어도 내용은 훌륭하다는 말.

➡

Day 001 2) 모기-칼
날아다니는 작은 모기 한 마리 잡겠다고 커다란 칼을 빼든다는 뜻으로 작은 일에 성질을
잘 내는 사람을 일컫는 말이다. 아주 작은 일의 해결을 위해 지나치게 큰 힘을 사용하는
어리석음을 비꼬는 말이다. 대수롭지 않은 일에 너무 야단스럽게 덤빔을 뜻하는 사자성
어 '견문발검(見蚊拔劍)'을 쓴다.

Day 002 3) 몸-눈
신체기관들 중에서 눈이 가장 중요함을 이르는 말이다. 눈은 간과 연결되어 있어서 눈이 피
곤하거나 나빠지는 건 간이 나빠졌다는 신호이기도 하다.

Day 003 3) 영웅
누덕누덕 기운 옷을 입고 자라난 사람이 후에 영웅이 된다는 뜻으로, 가난하고 천한 집에
서 인물이 나왔을 때 이르는 말이다.

Day 004 독 안에 든 쥐.
항아리 안에 쌀을 보관하는데 쥐가 쌀을 훔쳐 먹으려고 항아리 위에서 엿보다가 발을 헛디
뎌 그 안에 빠지는 경우가 많았다. 항아리는 배가 볼록해서 쥐가 아무리 애를 써도 빠져나
오기 어렵다는 이야기로 아무리 노력해도 벗어날 수 없고 꼼짝할 수 없는 처지를 뜻한다.

Day 005 뚝배기보다 장맛.
진흙을 빚어서 구워 만든 볼품없는 그릇을 뚝배기라 하고, 장맛은 간장 맛 또는 된장 맛을
의미한다. 뚝배기는 투박하고 못생겼지만 그 뚝배기 안에 담긴 장맛은 좋다는 뜻으로 겉
보다는 내용을 중요하게 여겨야 한다는 말이다. 반대 의미의 속담으로 '보기 좋은 떡이 먹
기도 좋다'가 있다.

Day 001   다음 속담의 괄호 안에 들어갈 알맞은 단어를 고르세요.

되는 집에는 (   )나무에 (   )이 열린다.

1) 사과 - 감   2) 은행 - 밤   3) 가지 - 수박   4) 소 - 귤

Day 002   다음 속담의 괄호 안에 들어갈 알맞은 단어를 고르세요.

(   )가 가벼우면 (   )이 솟는다.

1) 말투 - 몸   2) 이 - 물   3) 망치 - 못   4) 짐수레 - 등

Day 003   다음 속담의 괄호 안에 들어갈 알맞은 단어를 고르세요.

(   ) 물은 소 발자국에 고인 물도 먹는다.

1) 봄   2) 여름   3) 가을   4) 겨울

Day 004   다음 초성과 뜻을 보고 속담을 완성해 보세요.

ㅁㄹ / ㄸㅇ / ㅁㄸ / ㅂㄱ

앞뒤 따지지 않고 다짜고짜 무턱대고 일을 함을 뜻함. (힌트 : 말뚝)

➡

Day 005   다음 초성과 뜻을 보고 속담을 완성해 보세요.

ㅁㅈㅁ / ㄱㄱ / ㄴㄱㄱ / ㄱㅈ / ㅎㄷㄷ

무슨 일이든 마지막에 끝맺기가 가장 힘들다는 말을 의미. (힌트 : 고개)

➡

정답

Day 001 3) 가지-수박

밭에서 열리는 가지는 줄기가 매우 가늘고 약하다. 그런데 그런 가지에 큰 수박이 열린다는 것은 감당하기 힘들 만큼 큰 복이 들어온다는 말이 된다. 즉, 일이 잘되려면 뜻밖의 좋은 일이 생김을 이르는 말이다.

Day 002 3) 망치-못

윗사람의 권위나 위엄이 없으면 아랫사람이 순종하지 않고 함부로 한다는 말이다. 나무는 탄성이 있어서 힘을 주어 세게 박지 않으면 못이 도로 솟아 올라오기도 한다. 강하게 박기 위해서는 머리가 무거워야 한다.

Day 003 3) 가을

가을 물이 매우 맑고 깨끗함을 더러움의 상징인 소 발자국에 고인 물을 들어 비유적으로 표현한 말이다. 비슷한 의미의 속담으로 '가을이 되면 말발굽에 고인 물도 마실 수 있다'가 있다.

Day 004 마른 땅에 말뚝 박기.

말뚝을 쉽게 박으려면 땅에 물을 부어 땅속 깊은 곳까지 젖게 만든 후 흙 사이가 들뜨게 한 다음 박으면 쉽게 박을 수 있다. 이런 과정을 건너뛰고 메마른 땅에 말뚝부터 박으려 들면 힘만 엄청나게 들고 말뚝마저 뭉그러진다.

- 말뚝 : 땅에 두드려 박는 기둥이나 몽둥이 아래쪽 끝이 뾰족함.

Day 005 마지막 고개 넘기가 가장 힘들다.

여러 고개를 넘고 마지막 고개를 넘어야 할 순간, 그때가 가장 지쳤을 때다. 성공한 사람 대부분은 더 이상 꼼짝도 못할 만큼 지쳤을 때 안간힘을 내어 한 걸음이라도 더 내딛는다.

Day 001   다음 속담의 괄호 안에 들어갈 알맞은 단어를 고르세요.

(   )이 아니면 건너지 말고 (   )이 아니면 사귀지 말라.

1) 물-사랑   2) 길-이익   3) 강-사람   4) 물-인정

Day 002   다음 속담의 괄호 안에 들어갈 알맞은 단어를 고르세요.

시렁 (   ) 부채 (   ).

1) 눈-손   2) 손-발   3) 목-손   4) 눈-발

Day 003   다음 속담의 괄호 안에 들어갈 알맞은 단어를 고르세요.

가을 (   )은 사위만 준다.

1) 아욱국   2) 미역국   3) 시래깃국   4) 김칫국

Day 004   다음 초성과 뜻을 보고 속담을 완성해 보세요.

ㅁㄴ / ㄷㅇ / ㅈ / ㅁㄴㄷ

성격이 원만하지 못하거나 너무 꼿꼿하면 사람들에게 미움을 받는다는 말.

➡

Day 005   다음 조성과 뜻을 보고 속담을 완성해 보세요.

ㅁㄱㅁㅇ / ㅍㄷㅊ

먹고살기 위해서는 수단과 방법은 가리지 않게 됨을 의미.

➡

정답

Day 001 4) 물-인정
물길을 만나면 건너가야 옳지만 사람을 사귈 때는 이익에 따라 이 사람 저 사람 건너다니면서 사귀면 안 된다는 말이다. 즉, 믿음과 의리로 사람을 사귀어야지 이익을 따져 사귀면 안 된다는 말이다. 친구나 인맥을 자기 출세나 이익을 위한 징검다리로 쓰는 사람은 언젠가 모두로부터 버림을 받을 수 있다.

Day 002 1) 눈-손
안목은 높지만 자기가 할 수 있는 능력과 재주는 없다는 의미이다. 시렁은 옛날의 선반으로 팔을 높이 올려 물건을 꺼낼 만큼 눈높이보다 한참 높았다. 부채 손은 손가락이 자유롭게 움직이지 못한다는 뜻이다.

Day 003 1) 아욱국
가을 아욱국이 특별히 맛이 좋음을 비유적으로 이르는 말로, 그 맛있는 아욱국을 백년손님인 사위에게만 대접한다는 말이다. 비슷한 속담으로 '가을 아욱국은 계집 내쫓고 먹는다'가 있다.

Day 004 모난 돌이 정 맞는다.
'모나다'는 물건의 쑥 나온 귀퉁이고 '정'은 돌에 구멍을 뚫거나 쪼개거나 다듬을 때 사용하는 쇠로 만든 연장이다. 돌에 튀어나온 부분이 있으면 그 부분을 쪼아 매끈하게 다듬어야 한다. 사람이 삐뚤어지거나 모가 나 있으면 사람들로부터 손가락질을 받거나 좋지 않은 일을 당할 수 있고 또한 뛰어난 능력을 가진 사람이나 특별한 생각을 가진 사람은 미움받기 쉽다는 뜻의 속담이다.

Day 005 목구멍이 포도청.
포도청은 조선 때 범죄자를 잡거나 다스리는 일을 맡던 관청을 일컫는다. 포도청에 잡혀갈 것을 뻔히 알면서도 당장의 배고픔을 못 이겨 죄를 저지를 만큼 힘든 지경이란 뜻이다. 또한 포도청에서 죄인을 잡아들이라는 호령이 떨어지듯 먹을 것을 어서 목구멍으로 들이라고 뱃속이 난리를 친다는 뜻이기도 하다.

23 Week

Day 001　다음 속담의 괄호 안에 들어갈 알맞은 단어를 고르세요.

젊은이 망령은 (　　　　　)로 고치고 늙은이 망령은 (　　　　　)로 고친다.

1) 큰소리 – 작은소리　　　2) 몽둥이 – 큰소리
3) 몽둥이 – 고기　　　　　4) 책읽기 – 글쓰기

Day 002　다음 속담의 괄호 안에 들어갈 알맞은 단어를 고르세요.

적게 먹으면 (　　　　　)고 많이 먹으면 (　　　　　)다.

1) 날씬하 – 뚱뚱하　　2) 장수하 – 단명하　　3) 약주 – 망주　　4) 귀엽 – 가엾

Day 003　다음 속담의 괄호 안에 들어갈 알맞은 단어를 고르세요.

(　　　　　)에는 손톱 발톱이 다 먹는다.

1) 봄　　2) 여름　　3) 가을　　4) 겨울

Day 004　다음 초성과 뜻을 보고 속담을 완성해 보세요.

ㅁㄷ / ㅅㅇㅈ / ㅇㄷㅇㅇ / ㅃㄴㄷ

못된 사람이 건방지게 행동하고 미운 짓만 골라서 한다는 뜻.

➡

Day 005　다음 초성과 뜻을 보고 속담을 완성해 보세요.

ㅁㄲㄹㅈ / ㅎ / ㅁㄹㄱ / ㅇ / ㅇㅁㅁㅇ / ㅎㄹㄷ

못된 사람 하나로 인해 다른 사람들까지 욕을 먹거나 피해를 입는다는 뜻.

➡

Day 001 3) 몽둥이-고기

젊은 사람은 크게 꾸짖어 시건방지고 못된 행동을 고쳐야 하지만 늙으면 애가 된다는 말처럼 노인은 어린아이에게 맛있는 것을 주어 살살 달래듯 고쳐나가야 한다는 뜻이다.

Day 002 3) 약주-망주

술은 혈액순환을 도와주고 기분도 좋게 만들어 주기 때문에 적당히 마시면 우리 몸에 약이 될 수 있다. 하지만 많이 마시면 건강도 해치고 정신이 흐려서 말이나 행동이 정상을 벗어나도록 만들기 때문에 좋지 않으니 적당히 마시라는 뜻이다.

Day 003 3) 가을

가을에는 손톱이나 발톱까지도 먹을 것을 찾는다는 뜻으로, 가을철에는 입맛이 매우 당기어 많이 먹게 됨을 비유적으로 이르는 말이다.

Day 004 못된 송아지 엉덩이에 뿔난다.

송아지는 제멋대로 뛰어다니는 못된 성질 때문에 환영받지 못하는데 엉덩이에 뿔(소는 골반뼈가 위로 치솟아 있어 살이 마르면 마치 뿔처럼 삐죽하게 드러나 있다.)까지 이용해 못된 짓을 한다는 뜻으로 못된 사람이 자신의 행동을 뉘우치기는커녕 새로운 방법까지 동원해 나쁜 짓만 하고 다닌다는 이야기다.

Day 005 미꾸라지 한 마리가 온 우물물을 흐린다.

미꾸라지는 논·개천 따위의 흙바닥에서 산다. 물 밑바닥에서 뱀처럼 몸을 구불거리며 빠르게 헤엄치기 때문에 흙탕물이 일어날 수밖에 없다. 물고기는 몇 백 마리가 헤엄쳐도 물이 흐려지지 않지만 미꾸라지는 한 마리만 지나가도 웅덩이가 흐려진다는 뜻으로, 못된 한 사람이 집단 전체에 피해를 주는 경우를 일컫는 표현이다.

Day 001   다음 속담의 괄호 안에 들어갈 알맞은 단어를 고르세요.

느린 (   )도 성낼 적이 있다.

1) 소   2) 말   3) 돼지   4) 토끼

Day 002   다음 속담의 괄호 안에 들어갈 알맞은 단어를 고르세요.

자다가 (   ) 두드린다.

1) 창문   2) 봉창   3) 장롱   4) 솥뚜껑

Day 003   다음 속담의 괄호 안에 들어갈 알맞은 단어를 고르세요.

(   )이 일찍 피면 풍년.

1) 벚꽃   2) 매화꽃   3) 개나리꽃   4) 진달래꽃

Day 004   다음 초성과 뜻을 보고 속담을 완성해 보세요.

ㄱㄹㅂㅇ / ㅇ / ㅈㄴ / ㅈ / ㅁㄹㄷ

아무리 자그마한 것이라도 계속 반복되면 나중에는 걷잡을 수 없이 커져 큰 피해를 볼 수 있다는 뜻.

➡

Day 005   다음 초성과 뜻을 보고 속담을 완성해 보세요.

ㄱㅅㄹ / ㅌㅅㅇㄹ

갈수록 더욱 어려운 지경에 처하게 되는 경우를 이르는 말.

➡

정답

Day 001 1) 소

성미가 느리고 무던해 보이는 사람도 화낼 때가 있다는 말이다. 비슷한 속담으로 '달걀도 굴러가다 서는 모가 있다', '지렁이도 밟으면 꿈틀 한다'가 있다.

Day 002 2) 봉창

한참 단잠 자는 새벽에 남의 집 봉창을 두들겨 놀라 깨게 한다는 뜻으로, 뜻밖의 일이나 말을 갑자기 불쑥 내미는 행동을 비유적으로 이르는 말이다.

• 봉창 : 창문을 여닫지 못하도록 봉함. 또는 그 창문.

Day 003 1) 벚꽃

벚꽃은 벚나무의 꽃으로 따뜻한 봄이 되면 핀다. 벚꽃이 빨리 피었다는 것은 봄이 빨리 와서 기온이 높아졌다는 뜻으로 농작물 역시 쑥쑥 자랄 수 있다는 말이다.

Day 004 가랑비에 옷 젖는 줄 모른다.

가랑비는 워낙 가늘게 내려서 옷이 젖고 있다는 것조차 못 느낄 정도이다. 하지만 빗줄기가 약한 대신 꾸준히 오랫동안 내린다. 그래서 옷이 젖는 줄도 모르고 비를 맞고 있다 보면 한참 뒤에는 흠뻑 젖을 수도 있다. 이 속담은 아무리 자그마한 것이라도 계속 반복되면 나중에는 걷잡을 수 없이 커져 큰 피해를 볼 수 있다는 뜻이다.

Day 005 갈수록 태산이라.

태산은 높고 큰 산을 의미한다. 즉, 갈수록 높고 큰 산이 나타난다는 말로 무슨 일을 해나가는 데 점점 더 어려운 일이 닥쳐온다는 뜻이다. 비슷한 속담으로 '산 넘어 산이다'가 있다.

Day 001   다음 속담의 괄호 안에 들어갈 알맞은 단어를 고르세요.

봄비가 많이 오면 아낙네의 (   )이 커진다.

1) 발   2) 손   3) 마음   4) 걱정

Day 002   다음 속담의 괄호 안에 들어갈 알맞은 단어를 고르세요.

(   ) 추위가 장독 깬다.

1) 봄   2) 여름   3) 가을   4) 겨울

Day 003   다음 속담의 괄호 안에 들어갈 알맞은 단어를 고르세요.

가는 (   ) 잡으려다가 잡은 (   ) 놓친다.

1) 염소   2) 소   3) 토끼   4) 사슴

Day 004   다음 초성과 뜻을 보고 속담을 완성해 보세요.

ㄱㄱㅇ / ㅂㅇㅅ / ㅈㅅㄱㅇ / ㅆㄷ

제 몸은 아무리 천하게 낮추어 일하더라도 거기에서 번 돈으로 보람 있게 살면 된다는 말.

➡

Day 005   다음 초성과 뜻을 보고 속담을 완성해 보세요.

ㄱㅅㅇ / ㅅ / ㅁㅇㄹㄷ / ㅍㅇㅇ / ㅂㅂㄷ

아무리 좋은 것이라도 쓸모 있게 만들어 놓아야 값어치가 있다는 뜻.

➡

정답

Day 001　2) 손

봄에 비가 많이 오면 밭에 심은 곡식이 잘 자라고 모내기도 잘되어 풍년이 든다. 그래서 아낙네의 씀씀이가 헤퍼진다는 뜻이다.

Day 002　1) 봄

따스할 것만 같은 봄날에 찾아온 뜻밖의 사나운 추위를 뜻하는 것, 즉 꽃샘추위에 장독이 얼어 깨지는 것을 의미한다.

Day 003　3) 토끼

너무 크게 욕심을 부리거나 한꺼번에 여러 가지를 하려다가 도리어 이루어 놓은 일까지 실패로 돌아가고 성취하지 못함을 뜻한다.

Day 004　개같이 벌어서 정승같이 쓴다.

직업의 귀천을 따질 것 없이 악착같이 돈을 벌고 그것으로 아주 여유 있고 고상하게 살면 된다는 말이다.

Day 005　구슬이 서 말이라도 꿰어야 보배다.

특별하고 좋은 것이 있어도 필요할 때 사용하지 않으면 소용이 없다. 즉, 진짜 값진 능력을 가졌어도 아무것도 하지 않으면 소용없고 행동으로 보여줄 때 더욱 빛이 난다. '한 말'은 곡식 18리터를 뜻하니 구슬이 '서 말'이라면 엄청 많은 양을 의미한다.

- 말 : 곡식 · 액체 · 가루 따위의 양을 헤아리는 단위. '한 말'은 '한 되'의 열 배임.

Day 001   다음 속담의 괄호 안에 들어갈 알맞은 단어를 고르세요.

게으른 말이 (   ) 탓한다.

1) 사람   2) 연장   3) 주인   4) 짐

Day 002   다음 속담의 괄호 안에 들어갈 알맞은 단어를 고르세요.

(   )도 떨어질 때 떨어진다.

1) 봄비   2) 열매   3) 단풍   4) 흰눈

Day 003   다음 속담의 괄호 안에 들어갈 알맞은 단어를 고르세요.

가을 (   )는 쌀(   ) 봄 (   )는 죽(   ).

1) 안개   2) 비   3) 번개   4) 폭풍우

Day 004 다음 초성과 뜻을 보고 속담을 완성해 보세요.

ㄷ / ㅉㄷ / ㄱ / ㅈㅂ / ㅊㄷㅂㄷ

애쓰던 일이 실패로 돌아가거나 남보다 뒤떨어져 어찌할 도리가 없다는 뜻.

➡

Day 005 다음 초성과 뜻을 보고 속담을 완성해 보세요.

ㄷㄷㅇ / ㅈ / ㅂ / ㅈㄹㄷ

죄를 지은 사람은 자기 죄가 탄로 날까봐 두려워하다가 결국은 자기도 모르는 새에 그것을 드러내게 된다는 뜻.

➡

Day 001 4) 짐

항상 제 잘못을 인정하지 않고 남 탓만 하는 것을 비유적으로 이르는 말이다.

Day 002 3) 단풍

단풍잎도 가을이 되어야 떨어진다는 말로, 무엇이나 제 때가 있다는 뜻이다.

Day 003 1) 안개

가을 안개는 벼를 잘 영글게 하여 수확량을 증가시키고 봄 안개는 보리에 병으로 말미암은 피해를 주어 수확을 줄게 한다는 의미의 속담이다. 가을에 벼가 패서 영글 때 안개가 끼면 날씨가 따뜻하여 벼가 익는 것을 촉진시키고 결실을 좋게 하므로 수확량이 증가한다. 그러나 보리 발육기에 끼는 봄 안개는 기온차가 심하고 대기 중의 습도가 높을 때 일어나는 현상으로, 햇볕을 차단하여 식물의 발육을 방해하고 보리에 흰가루병과 녹병 등의 병해를 주어 수확량을 감소시킨다.

· 패다 : 곡식의 이삭이 나오다.

Day 004 닭 쫓던 개 지붕 쳐다본다.

닭을 쫓던 개가 닭이 지붕으로 올라가자 쫓아 올라가지 못하고 지붕만 쳐다본다는 말이다. 애쓰던 일이 실패로 돌아가거나 남보다 뒤떨어져 어찌할 도리가 없다는 뜻이다.

Day 005 도둑이 제 발 저리다.

보통의 사람들은 죄를 지으면 마음이 편치 않아 불안함이 겉으로 드러난다. 이 속담은 죄를 지은 사람은 자기 죄가 탄로 날까봐 두려워하다가, 결국은 자기도 모르는 새에 그것을 드러내게 된다는 뜻이다. 맞은 사람은 편히 발 뻗고 자도, 때린 사람은 편하게 잠들지 못한다. 잘못을 저질렀을 때는 숨기려 하지 말고 솔직하게 털어놓는 게 현명하다.

Day 001   다음 속담의 괄호 안에 들어갈 알맞은 단어를 고르세요.

알고 있는 일일수록 (   )에 가둬야 한다.

1) 뱃속   2) 머리   3) 명치   4) 가슴

Day 002   다음 속담의 괄호 안에 들어갈 알맞은 단어를 고르세요.

(   )는 빗자루로도 피한다.

1) 봄비   2) 여름비   3) 가을비   4) 겨울비

Day 003   다음 속담의 괄호 안에 들어갈 알맞은 단어를 고르세요.

(   )는 메워도 사람의 (   )은 못 채운다.

1) 바다 – 욕심   2) 동네 – 욕심   3) 지도 – 사랑   4) 동네 – 사랑

Day 004   다음 초성과 뜻을 보고 속담을 완성해 보세요.

ㄱㄹㄴ / ㄷㅇㄴ / ㅇㄲㄱ / ㄲㅈ / ㅇㄴㄷ

꾸준히 노력하는 사람은 뒤처지지 않고 계속 발전한다는 뜻.

➡

Day 005   다음 초성과 뜻을 보고 속담을 완성해 보세요.

ㄱㄹㅇㄷ / ㅃㄱ / ㅇㄷ

운이 나쁜 사람은 무슨 일을 해도 잘 안 풀린다는 뜻.

➡

정답

Day 001　3) 명치

명치는 사람의 가슴팍에 있는 급소이다. 어떤 일에 대해 알고 있다고 아무렇게나 함부로 말하고 행동할 게 아니라, 그 일을 가슴에 품고 행동거지를 더욱 조심해야 한다는 뜻이다.

Day 002　3) 가을비

보통 가을에 내리는 비는 여름비와 다르게 양이 적다. 그래서 빗자루 하나만으로도 피할 수 있다는 뜻이다.

Day 003　1) 바다-욕심

아무리 넓고 깊은 바다라도 흙으로 메울 수 있지만, 사람의 욕심은 끝이 없어 메울 수 없다는 뜻으로, 사람의 욕심이 한이 없음을 비유적으로 이르는 말이다.

Day 004　구르는 돌에는 이끼가 끼지 않는다.

'이끼'는 축축하고 그늘진 곳에 사는 식물이다. 주로 습기가 많은 땅이나 숲 속, 나무 밑동, 샘가의 바위 등에서 자란다. 습한 곳이라면 어디서나 잘 자라는 이끼지만, 한 곳에 가만히 있지 않고 데굴데굴 굴러다니는 돌에서는 자랄 수가 없다. 쉬지 않고 흘러가는 물은 썩지 않는 것처럼. 이 속담은 꾸준히 노력하는 사람은 뒤처지지 않고 계속 발전한다는 뜻이다. 또 부지런한 사람을 칭찬하는 뜻도 담겨 있다.

Day 005　계란에도 뼈가 있다.

계란유골(鷄卵有骨). 뼈가 있을 리 없는 계란에 뼈가 있어 먹지 못하게 되었다는 말로, 운이 없는 사람을 주위에서 도와주려고 해도 다른 이유로 잘되지 않을 때 주로 사용한다. 비슷한 속담으로 '재수 없는 놈은 뒤로 자빠져도 코가 깨진다', '도둑을 맞으려면 개도 안 짖는다', '밀가루 장사를 하면 바람이 불고, 소금 장사를 하면 비가 온다'가 있다.

Day 001   다음 속담의 괄호 안에 들어갈 알맞은 단어를 고르세요.

(   )을 보니 무섭고 (   ) 가죽을 보니 탐난다.

1) 표범   2) 범   3) 양   4) 뱀

Day 002   다음 속담의 괄호 안에 들어갈 알맞은 단어를 고르세요.

웃느라 한 말에 (   )난다.

1) 울음   2) 싸움   3) 초상   4) 경사

Day 003   다음 속담의 괄호 안에 들어갈 알맞은 단어를 고르세요.

무쇠도 갈면 (   ) 된다.

1) 도끼   2) 바늘   3) 망치   4) 못

Day 004　　다음 초성과 뜻을 보고 속담을 완성해 보세요.

ㅂㅅㄱ / ㅎㅅ / ㄸㄹㄱㄷ / ㄱㄹㅇ / ㅉㅇㅈㄷ

자기 분수에 맞지 않게 남을 따라서 힘겨운 짓을 하면 도리어 해를 입는다는 뜻.

➡

Day 005　　다음 조성과 뜻을 보고 속담을 완성해 보세요.

ㅅㅊㅇㄴ / ㅅㅇㅇ / ㅁㅇㅇ / ㅎㄷ

사람은 자기 분수를 알고 그에 맞게 살아야 한다는 뜻.

➡

Day 001 2) 범

범은 호랑이를 뜻한다. 즉, 호랑이 가죽을 얻으려면 큰 위험과 노력을 감수해야 하는데, 힘든 노력은 하기 싫고 결실은 욕심이 난다는 말이다.

Day 002 3) 초상

우스갯소리로 한 말이 듣는 사람에게 큰 상처를 주어 마침내 죽게 한다는 말로, 말을 매우 조심스럽게 해야 한다는 뜻이다.

· 초상나다 : 집안에 사람이 죽는 일이 생기다.

Day 003 2) 바늘

'무쇠'는 아직 갈고닦지 않아 무딘 실력을 뜻하고 '바늘'은 잘 다듬어지고 완성되어 그 쓸모를 인정받은 실력을 뜻한다. 무디고 단단한 무쇠를 갈아 섬세하고 뾰족한 바늘을 만들기 위해서는 엄청난 끈기와 노력이 필요함을 뜻한다.

Day 004 뱁새가 황새 따라가다 가랑이 찢어진다.

다리가 짧은 뱁새가 긴 다리로 걷는 황새를 따라갈 수는 없다. 능력이 뛰어난 사람을 무조건 따라가기보다는 제 힘에 맞게 살아야 한다. 자신의 능력이 안 되는데도 억지로 남을 따라서 하다가 큰 피해를 볼 수도 있으니 자기 분수를 지키라는 뜻이다. 자신의 능력과 한계를 무시하고 감당할 수 없는 일을 하려고 욕심을 부리다가는 황새를 따라가는 뱁새처럼 가랑이가 찢어지는 낭패를 볼 수도 있다.

Day 005 송충이는 솔잎을 먹어야 한다.

송충이는 소나무의 잎, 즉 솔잎을 먹고사는 벌레다. 사람은 자기 분수를 알고 그에 맞게 살아야 한다는 뜻이다. 비슷한 속담으로 '송충이가 갈잎을 먹으면 죽는다'가 있다.

Day 001 다음 속담의 괄호 안에 들어갈 알맞은 단어를 고르세요.

(   )이 댓돌 뚫는다.

1) 연못물   2) 세숫물   3) 빗물   4) 낙숫물

Day 002 다음 속담의 괄호 안에 들어갈 알맞은 단어를 고르세요.

(   ) 먹으면 태산도 못 당한다.

1) 서서   2) 앉아서   3) 누워서   4) 엎드려서

Day 003 다음 속담의 괄호 안에 들어갈 알맞은 단어를 고르세요.

미꾸라짓국 먹고 (   )한다.

1) 딸꾹질   2) 기침   3) 용트림   4) 인사

Day 004   다음 초성과 뜻을 보고 속담을 완성해 보세요.

ㅂ / ㅇ / ㄷㅇ / ㄸㅇ / ㄱㅇㅈㄷ

풍파를 겪고 나서야 더욱 단단해진다는 뜻.

➡

Day 005   다음 초성과 뜻을 보고 속담을 완성해 보세요.

ㅁ / ㅃㅈ / ㄷㅇ / ㅁ / ㅂㄱ

아무리 힘을 들여 애써도 보람이 나타나지 않을 때를 이르는 말.

➡

정답

Day 001 4) 낙숫물

작은 힘이라도 끈기 있게 계속 하면 큰일을 이룰 수 있다는 말이다. 비슷한 속담으로 '작은 도끼도 연달아 치면 큰 나무를 눕힌다', '무쇠도 갈면 바늘 된다'가 있다.

· 낙숫물 : 처마 끝에서 떨어지는 물.

Day 002 2) 앉아서

일하지 아니하고 앉아서 까먹기만 하면 아무리 큰 재산이라도 당해낼 수가 없음을 비유적으로 이르는 말이다.

Day 003 3) 용트림

시시한 일을 해놓고 큰일을 한 것처럼 으스대는 것을 비유적으로 이르는 말, 또는 하잘것 없는 사람이 잘난 체하는 것을 비유적으로 이르는 말이다. 비슷한 속담으로 '냉수 먹고 갈비 트림한다', '김칫국 먹고 수염 쓴다', '잉엇국 먹고 용트림한다'가 있다.

Day 004 비 온 뒤에 땅이 굳어진다.

비에 젖은 흙이 마르면서 단단하게 굳어지듯 어떤 어려운 일을 겪고 나면 그 다음에는 단련이 되어 더욱더 강해진다는 뜻으로 쓰인다.

Day 005 밑 빠진 독에 물 붓기.

밑 빠진 독에는 아무리 물을 부어도 채울 수 없다는 뜻으로, 아무리 애를 써도 보람이 없는 일을 비유적으로 이르는 말이다.

Day 001   다음 속담의 괄호 안에 들어갈 알맞은 단어를 고르세요.

(   )에서 배 부린다.

1) 뭍   2) 바다   3) 산   4) 연못

Day 002   다음 속담의 괄호 안에 들어갈 알맞은 단어를 고르세요.

미련한 송아지 (   )을 모른다.

1) 농사꾼   2) 산적   3) 백정   4) 사냥꾼

Day 003   다음 속담의 괄호 안에 들어갈 알맞은 단어를 고르세요.

비루먹은 강아지 (   )를 건드린다.

1) 고양이   2) 염소   3) 대호   4) 사자

Day 004   다음 초성과 뜻을 보고 속담을 완성해 보세요.

> ㅂㅇ / ㄱㅇ / ㄱㅅㄹ / ㅅㅂㅇ / ㄱㄲㅇ / ㅇㄷ

어렵고 고통스러운 환경을 참고 이겨내면 새롭고 희망찬 시간이 다가옴을 뜻하는 말. (힌트 : 새벽)

➡

Day 005   다음 초성과 뜻을 보고 속담을 완성해 보세요.

> ㅇㅇ / ㄲㄹㅂㄷ / ㅂㅇ / ㅁㄹㄱ / ㄴㄷ

비록 작은 집단이라도 그곳의 우두머리가 되는 것이 좋다는 말.

➡

정답

Day 001 1) 뭍
육지에서 배를 사용한다는 뜻으로 도저히 일어날 수 없는 일을 하고 있음을 비꼬는 말
이다.

Day 002 3) 백정
백정은 소나 돼지 등 가축을 잡는 일을 직업으로 하는 사람이다. 이 속담은 미련한 송아지가
자기를 잡으러 온 백정도 알아보지 못한다는 의미로 겪어 보지 않았거나 어리석어서 사리에
어두움을 비유적으로 이르는 말이다.

Day 003 3) 대호
'대호'는 큰 호랑이고, '비루먹은 강아지'는 털이 빠진 채 비실거리는 병에 걸린 강아지를
말한다. 이 속담은 병에 걸린 강아지가 큰 호랑이에게 덤비는 것처럼 자기 처지도 모르고
무조건 덤비는 어리석은 상황을 뜻하는 말이다.

Day 004 밤이 깊어 갈수록 새벽이 가까워 온다.
밤이 깊으면 아침이 가까워지듯 어렵고 고통스러운 환경을 참고 이겨내면 새롭고 희망찬
시간이 다가옴을 뜻하는 말이다.

Day 005 용의 꼬리보다 뱀의 머리가 낫다.
용의 꼬리가 되어 뒤꽁무니를 쫓는 것보다 뱀의 머리가 되어 앞장서는 것이 낫다는 말로,
크고 훌륭한 사람의 뒤를 쫓아다니는 것보다는 작고 보잘것없는 데서 남의 우두머리가 되
는 게 낫다는 말이다.

Day 001 다음 속담의 괄호 안에 들어갈 알맞은 단어를 고르세요.

(   )이 지극하면 돌 위에도 풀이 난다.

1) 간절함   2) 동심   3) 사랑   4) 효성

Day 002 다음 속담의 괄호 안에 들어갈 알맞은 단어를 고르세요.

(   )가 줄을 치면 날씨가 좋다.

1) 매미   2) 거미   3) 농부   4) 심마니

Day 003 다음 속담의 괄호 안에 들어갈 알맞은 단어를 고르세요.

비는 데는 (   )도 녹는다.

1) 무쇠   2) 항아리   3) 함박눈   4) 마음

Day 004 　다음 초성과 뜻을 보고 속담을 완성해 보세요.

ㄱㄷ / ㅁㅁ / ㅇㄴ / ㄱㄴㄴ / ㅁㅎㄷ

일을 시작했으면 포기하지 말고 끝까지 하라는 뜻.

➡

Day 005 　다음 초성과 뜻을 보고 속담을 완성해 보세요.

ㅈㅂㄴ / ㅈㅇㄷ / ㄱㄴ / ㄱㄷ

몸집은 비록 작아도 제 할 일은 다 한다는 뜻. (힌트 : 제비)

➡

Day 001 4) 효성

효성이 지극하면 어떤 어려운 조건에서도 자식으로서의 도리를 다할 수 있다는 말이다. 비슷한 속담으로 '효성이 지극하면 돌 위에 꽃이 핀다'가 있다.

Day 002 2) 거미

거미는 거미줄로 곤충을 잡는다. 흐린 날에는 곤충이 거의 활동을 하지 않아 거미줄을 치지 않고, 맑은 날에는 거미줄을 쳐 곤충을 잡아먹는다.

Day 003 1) 무쇠

자기의 잘못을 잘 변명하고 사과하면 아무리 완고한 사람이라도 용서함을 비유적으로 이르는 말이다. '무쇠'란 정신적으로나 육체적으로 강하고 굳센 사람이나 물건을 비유하기도 한다.

Day 004 가다 말면 아니 가느니만 못하다.

어떤 일을 하다가 도중에 그만둘 거면 처음부터 하지 않는 편이 낫다는 말로, 일을 시작했으면 포기하지 말고 끝까지 하라는 뜻이다. 비슷한 속담으로 '시작한 일은 끝을 보라'가 있다.

Day 005 제비는 작아도 강남 간다.

강남은 남쪽의 먼 나라를 가리키는 말로 작은 제비가 먼 강남까지 날아가듯이, 비록 몸집은 작아도 제 할 일은 다 한다는 뜻이다. 비슷한 속담으로 '거미는 작아도 줄만 잘 친다', '참새가 작아도 알만 잘 깐다'가 있다.

Day 001   다음 속담의 괄호 안에 들어갈 알맞은 단어를 고르세요.

의가 좋으면 (   )도 반분한다.

1) 집안   2) 천하   3) 동네   4) 재산

Day 002   다음 속담의 괄호 안에 들어갈 알맞은 단어를 고르세요.

조석거리도 없는 주제에 (   )를 걱정한다.

1) 천하   2) 거지   3) 개   4) 식구

Day 003   다음 속담의 괄호 안에 들어갈 알맞은 단어를 고르세요.

(   )도 살 친구가 있다.

1) 독거미   2) 지네   3) 고슴도치   4) 거미

113

Day 004   다음 초성과 뜻을 보고 속담을 완성해 보세요.

ㄷㄹ / ㅈㄱ / ㅁㄹ / ㅂㄴㄷ

남을 조금 건드렸다가 더 큰 되갚음을 당한다는 뜻.

➡

Day 005   다음 초성과 뜻을 보고 속담을 완성해 보세요.

ㅇㄴ / ㅂㅈㅇ / ㅎㄷㄲ

예상치 못했던 상황이 느닷없이 벌어질 때나 전혀 생각지도 않았는데 갑자기
뭔가가 나타났을 때를 뜻함.

➡

114

Day 001 2) 천하

사이가 좋으면 아무리 귀한 것이라도 나누어 가진다는 뜻이다.

Day 002 1) 천하

당장 조석거리를 걱정할 만큼 살림이 어려우면서 나라를 걱정한다는 말로, 제구실도 톡톡히
못 하면서 주제넘게 큰일에 관여하는 어리석음을 비꼬는 말이다.

• 조석거리 : 끼니로 할 음식감.

Day 003 3) 고슴도치

가시가 뾰족뾰족 돋쳐서 가까이 가면 찔릴 것 같은 고슴도치에게도 친구가 있다는 말이
다. 누구에게나 친하게 지낼 친구가 있게 마련이라는 뜻이다.

Day 004 되로 주고 말로 받는다.

'되'와 '말', '섬'은 곡식이나 액체의 양, 또는 부피를 재는 단위이다. '한 되'는 2리터 정도
되는 분량으로, '한 되'의 열 배가 '한 말'이다. 이 속담은 조금 주고 더 많은 대가를 받는다
는 뜻으로 누군가를 골탕 먹였다가 오히려 더 크게 앙갚음을 당하거나 남을 속여 이득을
취하려다가 제 꼼수에 빠져 도리어 큰 손해를 볼 때 사용한다.

Day 005 아닌 밤중에 홍두깨.

홍두깨는 박달나무처럼 단단한 나무를 둥글고 길게 깎은 것으로 뻣뻣한 옷을 두드려 부드
럽게 만드는 데 썼던 도구이다. 아닌 밤중이라는 말은 뜻하지 않은 밤중이란 뜻이다. '아
닌 밤중에 홍두깨'라는 말은 뜻하지 않은 밤중에 누군가가 홍두깨를 들이댄다는 뜻으로 예
상치 못했던 상황이 느닷없이 벌어질 때나 전혀 생각지도 않았는데 갑자기 뭔가가 나타났
을 때, 또 누군가가 상황에 맞지 않는 엉뚱한 소리를 할 때 쓰인다.

Day 001   다음 속담의 괄호 안에 들어갈 알맞은 단어를 고르세요.

(   )에는 편작도 할 수 없다.

1) 행운   2) 동심   3) 죽음   4) 난관

Day 002   다음 속담의 괄호 안에 들어갈 알맞은 단어를 고르세요.

(   ) 새에 내 천 자를 누빈다.

1) 가르마   2) 턱 밑   3) 눈썹   4) 뒤통수

Day 003   다음 속담의 괄호 안에 들어갈 알맞은 단어를 고르세요.

가까운 집 며느리일수록 (   )이 많다.

1) 흉   2) 정   3) 장점   4) 말

Day 004   다음 초성과 뜻을 보고 속담을 완성해 보세요.

ㅇㄴ / ㄱㄷ / ㅁㅇ / ㄱㄹ

아무리 나에게 익숙한 일이라도, 한 번 더 확인하고 단단히 준비하라는 뜻.

➡

Day 005   다음 초성과 뜻을 보고 속담을 완성해 보세요.

ㄲㅁㄱ / ㄴㅈ / ㅂ / ㄸㅇㅈㄷ

아무 상관 없는 일이 어쩌다 동시에 일어나 억울한 의심을 받을 때 쓰는 말.

➡

Day 001 3) 죽음
천하의 명의라도 죽는 사람은 어찌할 수 없다는 뜻으로, 죽음에 대해서는 사람이 무력함을 이르는 말이다.
- 편작(扁鵲) : 중국의 전설적인 명의.

Day 002 3) 눈썹
눈썹 사이에 한자 내 천(川) 자를 그린다는 뜻으로 눈살을 찌푸리거나 인상을 쓰는 것을 비유적으로 이르는 말이다.

Day 003 1) 흉
늘 가까이 있고 잘 아는 사이일수록 상대편의 결점이 눈에 더 많이 띈다는 말이다.

Day 004 아는 길도 물어 가라.
아는 길도 다시 한 번 물어서 갈 정도로 조심하라는 말이다. 아무리 나에게 익숙하고 쉬운 일이라도 소홀히 하지 말고 한 번 너 꼼꼼하게 따지고 확인하고 단단히 준비하라는 뜻이다.

Day 005 까마귀 날자 배 떨어진다.
까마귀가 날아가려는 순간 우연히 배가 떨어진 모습을 본 농부는 까마귀가 배를 쪼아서 떨어뜨린 줄 안다. 따지고 보면 우연히 일어난 일인데 말이다. 이처럼 아무 상관도 없는 일이 공교롭게도 동시에 일어나 어떤 관계가 있는 것처럼 의심을 받게 되는 상황을 이르는 말로 '오비이락(烏飛梨落)'이라고도 한다.

Day 001   다음 속담의 괄호 안에 들어갈 알맞은 단어를 고르세요.

(   )도 제집에 들면 주인이다.

1) 비렁뱅이   2) 석수장이   3) 미장이   4) 숯쟁이

Day 002   다음 속담의 괄호 안에 들어갈 알맞은 단어를 고르세요.

(   ) 가지고 친구 사귄다.

1) 제삿술   2) 지위   3) 임금   4) 보물

Day 003   다음 속담의 괄호 안에 들어갈 알맞은 단어를 고르세요.

사또 행차엔 (   )이 죽어난다.

1) 무관   2) 문관   3) 비장   4) 이방

Day 004   다음 초성과 뜻을 보고 속담을 완성해 보세요.

ㅂㅂㄷ / ㅂㄲㅇ / ㄷ / ㅋㄷ

기본이 되는 것보다 덧붙이는 것이 더 큰 경우를 이르는 말.

➡

Day 005   다음 초성과 뜻을 보고 속담을 완성해 보세요.

ㅁㅇ / ㅆㄱ / ㄷㄷ

평소 말하던 것이나 무심코 한 말이 실제로 이루어질 수 있으니 늘 말조심을 하라는 뜻.

➡

Day 001 4) 숯쟁이
사람들이 천하게 여기는 숯쟁이도 자기 집에서는 당당한 주인이라는 뜻으로, 아무리 보잘것없는 존재라도 자신만의 개성과 주장을 가지고 열심히 살아감을 비유적으로 이르는 말이다.

Day 002 1) 제삿술
자기 물건을 쓰지 않고 남의 것을 가지고 생색을 내는 것을 뜻한다.

Day 003 3) 비장
사또가 길을 떠나게 되니 비장은 그 준비를 갖추느라 눈코 뜰 새 없이 바쁘다는 뜻으로 윗사람이나 남의 일 때문에 고된 일을 하게 됨을 이르는 말이다.

- 비장 : 조선 때, 감사(監司) · 유수(留守) · 병사(兵使) · 수사(水使) · 견외(遣外) 사신을 따라다니던 무관.

Day 004 배보다 배꼽이 더 크다.
이 속담은 주된 것보다 딸린 것이 더 크거나 많음을 뜻한다. 당연히 작아야 할 것이 더 크고, 적어야 할 것이 더 많다는 것을 비유적으로 표현한 것이다.

Day 005 말이 씨가 된다.
평소 말하던 것이나 무심코 한 말이 실제로 이루어질 수 있으니 늘 말조심을 하라는 뜻이다. 말은 한 번 내뱉으면 다시 주워 담을 수 없는 만큼 말하기 전에 늘 신중하라는 것이다. 비슷한 속담으로 '설마가 사람 잡는다'가 있다.

Week

end

 **브라질 속담**

뱀에게 물린 개는 소시지를 무서워한다.

어떤 것에 한 번 크게 혼이 나면 그와 비슷한 것만 보아도 지레 겁을 집어먹게 되는 경우를 뜻한다.

● 초성을 바탕으로 우리나라의 비슷한 속담을 맞혀 보세요.

ㅈㄹ / ㅂㄱ / ㄴㄹ / ㄱㅅ / ㅅㄸㄲ / ㅂㄱ / ㄴㄹㄷ

영국 속담

도둑질도 한번 맛 들이면 끊을 수 없다.

한 번 도둑은 영원한 도둑이다라는 말로, 어릴 때 습관 혹은 버릇 등이 계속해서 간다는 말이다.

● 초성을 바탕으로 우리나라의 비슷한 속담을 맞혀 보세요.

ㅈ / ㅂㄹ / ㄱ / ㅁ / ㅈㄷ

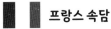 **에티오피아 속담**

거미줄도 모이면 사자를 잡을 수 있다.

아주 작은 힘이라도 모이고 모이면 큰 힘이 된다는 뜻으로, 함께하면 큰 문제도 해결할 수 있음을 강조한 말이다.

● 초성을 바탕으로 우리나라의 비슷한 속담을 맞혀 보세요.

ㄱㅁㄴ / ㅈㅇㄷ / ㅌㅇ / ㅆㄴㄷ

프랑스 속담

작은 시내가 모여 큰 강을 이룬다.

작은 것들이 모여 큰 것을 이룬다는 뜻으로 하나하나 모여 어느새 큰 결과를 이루어낼 때 그 성취감은 이루 말할 수 없음을 이르는 말이다.

● 초성을 바탕으로 우리나라의 비슷한 속담을 맞혀 보세요.

ㅌㄲ / ㅁㅇ / ㅌㅅ

 미국 속담

요리사가 많으면 수프를 망친다.

아무리 중요한 일이라도 입을 대는 사람이 많아지면 제대로 된 결정이 이루어질 리가 없고 결국에는 일을 그르치게 된다는 뜻이다.

● 초성을 바탕으로 우리나라의 비슷한 속담을 맞혀 보세요.

> ㅅㄱㅇ / ㅁㅇㅁ / ㅂㄱ / ㅅㅇㄹ / ㄱㄷ

러시아 속담

더 조용해질수록 더 멀리 갈 수 있다.

특정한 목표를 향해 갈 때 서두를 필요 없이 천천히 여유를 가지고 임할 필요가 있다는 뜻을 지니고 있다. 현명하고 침착하게 행동하는 것이 중요하다는 교훈을 준다.

● 초성을 바탕으로 우리나라의 비슷한 속담을 맞혀 보세요.

> ㄱㅎㅅㄹ / ㄷㅇㄱㄹㄷ

브라질 자라 보고 놀란 가슴 솥뚜껑 보고 놀란다.

어떤 일에 크게 놀란 적이 있으면 그와 비슷한 일만 생겨도 지레 겁먹고 몸을 사리게 된다는 말이다.

영국 제 버릇 개 못 준다.

좋지 못한 버릇 남에게 못 준다, 즉 한번 몸에 밴 습성은 고치기가 몹시 어렵다는 뜻이다. 버릇을 잘못 들이면 습관으로 굳어지기 쉽고, 특히 나쁜 버릇은 쉽게 고쳐지지 않기 때문에 조심하라는 말이다.

에티오피아 개미는 작아도 탑을 쌓는다.

아무리 보잘것없고 힘이 없는 사람이라도 꾸준히 노력하고 정성을 들이면 훌륭한 일을 이룰 수 있다는 말이다.

프랑스 티끌 모아 태산.

아주 작은 티끌이라도 쌓이고 쌓이면 산만큼 거대해지는 것처럼, 아무리 적은 것이라도 자꾸 모으면 큰 것을 이룰 수 있다는 뜻이다.

미국 사공이 많으면 배가 산으로 간다.

여러 사람이 저마다 제 주장대로 배를 몰려고 하면 결국에는 배가 물로 못 가고 산으로 올라간다는 뜻으로, 주관하는 사람 없이 여러 사람이 자기주장만 내세우면 일이 제대로 되기 어려움을 비유적으로 이르는 말이다.

러시아 급할수록 돌아가랬다.

급한 일일수록 서두르기보다는 여유를 가지고 차근차근 해 나가는 것이 더 낫다는 말이다.

From
35 Week

to
52 Week

Day 001   다음 속담의 괄호 안에 들어갈 알맞은 단어를 고르세요.

재수 없는 포수는 곰을 잡아도 (   )이 없다.

1) 간   2) 췌장   3) 심장   4) 웅담

Day 002   다음 속담의 괄호 안에 들어갈 알맞은 단어를 고르세요.

내가 (   )이 되니 고기가 천하다.

1) 남편   2) 중   3) 원님   4) 부인

Day 003   다음 속담의 괄호 안에 들어갈 알맞은 단어를 고르세요.

(   ) 찌른 막대 꼬챙이.

1) 똥   2) 땅   3) 하늘   4) 우물

130

Day 004   다음 초성과 뜻을 보고 속담을 완성해 보세요.

ㅁㅇㄷ / ㅈㅊ / ㅆㅇㄷ / ㅅㅊ

본래 좋고 훌륭한 것은 비록 상해도 그 본질에는 변함이 없음을 비유적으로
이르는 말. (힌트 : 준치)

➡

Day 005   다음 초성과 뜻을 보고 속담을 완성해 보세요.

ㅈㅇ / ㅆㄱ / ㅇ / ㅁㄱ

겉으로는 점잖고 얌전한 체하면서 남이 보지 않는 데서는 좋지 않은 행동을 하
는 경우를 비유한 말. (힌트 : 장옷)

➡

정답

Day 001 4) 응답

일이 안 되려면 모든 일이 잘 안 풀리고 뜻밖의 큰 불행도 닥친다는 말이다. 비슷한 속
담으로 '아니 되는 놈은 두부에도 뼈라', '재수 없는 놈은 뒤로 자빠져도 코가 깨진다'가
있다.

Day 002 2) 중

불교에서는 살생을 금한다. 그런데 중(스님)이 되고 나니 고기 먹을 일이 많이 생기는 것이
다. 즉, 자기가 구할 때는 없던 것이 필요하지 아니하게 되자 갑자기 많아짐을 비유적으로
이르는 말이다.

Day 003 1) 똥

천하게 되어 아무짝에도 못 쓰게 된 물건이나 버림받은 사람을 이르는 말이다.

Day 004 물어도 준치 썩어도 생치.

준치는 진짜 생선이라는 뜻의 '진어(眞魚)'라고 하였는데, 준치와 비교하면 다른 생선은 모
두 한 수 아래이고 오직 준치만이 진짜 생선이라는 의미를 갖는다. 이는 준치가 너무 맛
있어서 썩어도 제값을 한다는 뜻에서 생긴 말이다. 맛이 좋은 데다 아무 때나 맛볼 수 없
는 생선이니 귀한 대접을 받는 것이다. 본래 좋고 훌륭한 것은 비록 상해도 그 본질에는
변함이 없음을 비유적으로 이르는 말이다. 비슷한 속담으로 '썩어도 준치'가 있다.

Day 005 장옷 쓰고 엿 먹기.

겉으로는 가장 점잖고 얌전한 체하면서 남이 보지 않는 데서는 좋지 못한 행실을 하는 것
을 나타낸다. 즉, 위선(僞善)을 풍자한 속담이다. '장옷'은 부녀자가 나들이할 때 얼굴을 가
리기 위해 머리에서부터 내려쓰던 옷을 말한다.

**36
Week**

Day 001　다음 속담의 괄호 안에 들어갈 알맞은 단어를 고르세요.

모화관 (　　　　　) 떼쓰듯 한다.

1) 귀신　　2) 임금　　3) 원님　　4) 동냥아치

Day 002　다음 속담의 괄호 안에 들어갈 알맞은 단어를 고르세요.

(　　　　　) 깨 그루에 앉아 통천하를 보는 체한다.

1) 백조　　2) 종달새　　3) 앵무새　　4) 참새

Day 003　다음 속담의 괄호 안에 들어갈 알맞은 단어를 고르세요.

한 밭머리에 (　　　　　)를 묻었다.

1) 기　　2) 자유　　3) 태　　4) 도라지

Day 004 다음 초성과 뜻을 보고 속담을 완성해 보세요.

> ㄷ / ㅁㅇ / ㅈㅇ / ㅋ / ㅃㅈㄷ / ㅎㄷ

맛있게 먹었으나 알고 보니 불결하여 속이 꺼림칙함을 비유적으로 이르는 말.

➡

Day 005 다음 초성과 뜻을 보고 속담을 완성해 보세요.

> ㄴㄱㄴ / ㅂㄴㄱ / ㅈㅅ / ㅎㄷ

인색한 사람이 말로만 대접하는 체함을 비유적으로 이르는 말. (힌트 : 나그네)

➡

Day 001 4) 동냥아치

경우에 닿지 않는 말로 성가시게 군다, 경위에 어그러진 언사로 시끄럽게 떠드는 경우를 비유적으로 이르는 말이다. 말도 안 되는 말을 지껄여 상대의 말문을 막는 사람들을 꼬집는 속담이다. 모화관 앞 동냥아치들은 포졸들이 경을 치기 전에 빨리 거금을 받고 철수할 요량으로 되지도 않는 말을 큰소리로 떠들었다고 한다.

• 모화관 : 조선 때, 중국 사신을 영접하던 곳. 서울 현저동에 있던 중국사신 숙소이다. 이곳은 걸인들에게 가성비 높은 구걸 장소였다. 외국 고위 관리로서 품위를 지켜야 하고 방문국에서 구설이 나오면 곤란하니까 적지 않은 재물을 선뜻 내주었다고 한다.

Day 002 2) 종달새

하찮은 자리에 올라선 자가 하늘 높은 줄 모르고 우쭐댐을 비유적으로 이르는 말이다.

Day 003 3) 태

한 동네에서 자라나 매우 친한 사이임을 비유적으로 이르는 말이다. 전통적으로 '태'는 어미와 자식을 이어주는 매개로써 새 생명의 기반으로 여겨 매우 정성껏 다루었다. 태가 어디에 묻히는지에 따라 인생의 길흉을 좌우한다고까지 해서 사대부나 왕실에서는 좋은 터를 골라서 소중히 안장했다. 그러나 이 속담에서처럼 일반인들의 태는 밭에 묻기도 했다.

Day 004 다 먹은 죽에 코 빠졌다 한다.

맛있게 먹었으나 알고 보니 불결하여 속이 꺼림칙함을 비유적으로 이르는 말이다. 잘 먹고 나서 그 음식에 대하여 불평하는 것을 비유적으로 이른다. 비슷한 속담으로 '처음에는 말이 없다가 배가 부르면 탈을 잡는다'가 있다.

Day 005 나그네 보내고 점심 한다.

인색한 사람이 겉으로는 대접하는 체하고 속으로는 손님을 싫어할 때에 쓰이거나 일을 제때에 치르지 못함을 비유적으로 이르는 말이다.

Day 001 다음 속담의 괄호 안에 들어갈 알맞은 단어를 고르세요.

(   )도 많으면 천하다.

1) 자식   2) 재물   3) 정성   4) 신하

Day 002 다음 속담의 괄호 안에 들어갈 알맞은 단어를 고르세요.

삼남이 (   )이면 천하는 굶주리지 않는다.

1) 가뭄   2) 풍년   3) 흉년   4) 장마기간

Day 003 다음 속담의 괄호 안에 들어갈 알맞은 단어를 고르세요.

객지 (   )도 사귈 탓이다.

1) 이장   2) 거지   3) 이웃   4) 벗

Day 004 다음 초성과 뜻을 보고 속담을 완성해 보세요.

ㅂㄹ / ㄸㄹ / ㄷㅇ / ㄸㄷ

때를 잘 맞추어서 일을 벌여 나가야 성과를 거둘 수 있음을 비유적으로 이르는 말. (힌트 : 돛)

➡

Day 005 다음 초성과 뜻을 보고 속담을 완성해 보세요.

ㄷㅁㅁ / ㄱㅇㄷ / ㅎㅅㄱㅇ

속도는 느리나 오히려 믿음직스럽고 알차다는 말.

➡

Day 001 1) 자식

무엇이나 흔하면 귀하게 여기지 않고 대접이 소홀하게 됨을 이르는 말이다. 이 세상 부모들에게 자식은 무엇보다 소중한 존재지만 형편이 어려울 때 자식이 많으면 천덕꾸러기로 바뀌기도 한다는 뜻이다.

Day 002 2) 풍년

삼남을 뜻하는 충청도, 전라도, 경상도 땅이 풍년이면 우리나라 사람들은 굶주리지 않는다는 말이다.

Day 003 4) 벗

객지에서 오래 함께하지 않은 친구라도 정이 깊은 정도에 따라서 형제처럼 될 수 있다는 말이다.

Day 004 바람 따라 돛을 단다.

바람이 부는 형세를 보아 가며 돛을 단다는 말로 때를 잘 맞추어서 일을 해 나가야 성과를 거둘 수 있음을 비유한다. 일정한 신념과 주관 없이 기회나 형편을 엿보다가 조건이 좋은 쪽을 따라 이리저리 흔들리는 모양을 비꼬는 말로도 쓰인다.

Day 005 드문드문 걸어도 황소걸음.

황소걸음처럼 느리더라도 그것이 오히려 믿음직스럽고 알차다는 말이다. 비슷한 속담으로 '느릿느릿 걸어도 황소걸음'이 있다.

Day 001 다음 속담의 괄호 안에 들어갈 알맞은 단어를 고르세요.

(   ) 혼인 같다.

1) 지렁이   2) 개구리   3) 두더지   4) 두꺼비

Day 002 다음 속담의 괄호 안에 들어갈 알맞은 단어를 고르세요.

옆집 (   ) 믿고 장가 안 간다.

1) 처녀   2) 중매쟁이   3) 숙모   4) 아저씨

Day 003 다음 속담의 괄호 안에 들어갈 알맞은 단어를 고르세요.

(   )이 보리동냥 갔다.

1) 양반   2) 장군   3) 정신   4) 벗

Day 004　다음 초성과 뜻을 보고 속담을 완성해 보세요.

ㅁㄴ / ㄱㄷ / ㅇㄴ / ㄸㄹㄷ

비록 하찮은 짐승일지라도 밥을 먹을 때에는 때리지 않는다는 뜻.

➡

Day 005　다음 초성과 뜻을 보고 속담을 완성해 보세요.

ㅇㄴㅇ / ㄱㅌㄷ / ㅍㅇㅁㄴㄷ

물품을 가리지 아니하고 모든 것을 다 팖을 비유적으로 이르는 말. (힌트 : 감투)

➡

Day 001 3) 두더지

두더지가 하늘, 해와 달, 구름, 바람, 돌부처에게 청혼하는 과정에서 천하에 높은 것이 자기보다 나은 것이 없다고 하면서 같은 두더지에게 청혼을 했다는 이야기에서 나온 말로, 분수에 넘치는 엉뚱한 희망을 갖는 것을 비유적으로 이르는 말이다.

Day 002 1) 처녀

정작 옆집 처녀는 생각지도 아니하는데 그와의 결혼을 혼자 속으로 생각하여 장가를 안 간다는 뜻으로, 상대편의 의사는 잘 알지도 못하면서 제 나름대로 생각하여 행동함을 이르는 말이다.

Day 003 3) 정신

먹을 것이 귀하고 찾기 힘든 보릿고개에 보리를 동냥하러 갔다는 뜻으로, 정신없이 허둥지둥 돌아다니는 경우를 놀림조로 이르는 말이다.

Day 004 먹는 개도 아니 때린다.

비록 하찮은 짐승일지라도 밥을 먹을 때에는 때리지 않는다는 뜻으로, 음식을 먹고 있을 때에는 아무리 잘못한 것이 있더라도 때리거나 꾸짖지 말아야 한다는 말이다. 비슷한 속담으로 '먹을 때는 개도 때리지 않는다'가 있다.

Day 005 오뉴월 감투도 팔아먹는다.

먹을 것이 궁한 시기인 오뉴월에는 팔 수 없는 자주 감투까지 판다는 뜻으로, 물품을 가리지 아니하고 모든 것을 다 팖을 비유적으로 이르는 말이다. 집안 살림이 궁하여 도무지 무엇 하나 팔아먹을 만한 것이 없다는 말이다.

Day 001 다음 속담의 괄호 안에 들어갈 알맞은 단어를 고르세요.

(   ) 떼에게서는 장타령밖에 나올 것이 없다.

1) 풍물놀이   2) 개구리   3) 각설이   4) 장돌뱅이

Day 002 다음 속담의 괄호 안에 들어갈 알맞은 단어를 고르세요.

동냥하려다가 (   ) 못 본다.

1) 추수   2) 강강술래   3) 잔칫집   4) 미인

Day 003 다음 속담의 괄호 안에 들어갈 알맞은 단어를 고르세요.

천하에 유명한 준마도 (   )를 만나야 하늘을 난다.

1) 준마   2) 친구   3) 장수   4) 동지

Day 004 다음 초성과 뜻을 보고 속담을 완성해 보세요.

> ㅅㄷㄱ / ㅅ / ㄴㅇㅁ / ㅍㅇㅇ / ㅇㄴㄷ

어떤 분야에 대해 아는 것이 아무것도 없는 사람이라도 그 분야에 오래 있으면 어느 정도 지식과 경험을 가질 수 있다는 말.

➡

Day 005 다음 초성과 뜻을 보고 속담을 완성해 보세요.

> ㄲㅇㄷ / ㄴㅇ / ㅂㄹㅈㄹ

차지하고 있는 위치에서 자기 역할을 다하지 못하는 사람을 이르는 말.

(힌트 : 자루)

➡

정답

Day 001 3) 각설이

장타령을 부르며 동냥하여 얻어먹고 다니는 각설이 떼에게서 나올 것이라곤 장타령밖에 없다는 뜻으로, 본바탕이 하찮은 것에서는 크게 기대할 만한 결과가 나올 수 없음을 이르는 말이다.

Day 002 1) 추수

작은 것을 탐내어 다니다가 큰 것을 놓치게 됨을 비유적으로 이르는 말이다.

Day 003 3) 장수

아무리 훌륭한 조건이 마련되어 있다 하더라도 그것을 처리하고 운영할 사람이 없으면 쓸모가 없음을 비유적으로 이르는 말이다.

Day 004 서당개 삼 년이면 풍월을 읊는다.

아무리 글을 모르는 슬기롭지 못하고 둔한 개도 서당에서 삼 년 동안이나 살다 보면 시 한 수 정도는 따라 외울 수 있다는 말이다. 즉, 무식한 사람도 유식한 사람과 같이 지내다 보면 자연스레 견문이 넓어진다는 뜻이다. 또, 무슨 일을 하든 오랫동안 반복해서 보고 들으면 자연히 그 일을 할 줄 알게 된다는 뜻도 있다.

Day 005 꾸어다 놓은 보릿자루.

갚기로 하고 빌린 보릿자루를 말한다. 여러 사람이 모여 이야기하는 자리에서 말도 하지 않고 한구석에 가만히 있는 사람을 두고 하는 말이다. 차지하고 있는 위치에서 자기 역할을 다하지 못하는 사람을 이를 때 쓰인다. 비슷한 속담으로 '꾸어온 빗자루', '전당(典當) 잡은 촛대'가 있다.

Day 001　　다음 속담의 괄호 안에 들어갈 알맞은 단어를 고르세요.

깨어진 (　　　　　　　)와 꿰맨 (　　　　　　　).

1) 돌멩이 – 식탁보　　　　　　2) 접시 – 주머니

3) 냄비 – 뚜껑　　　　　　　　4) 유리 – 보자기

Day 002　　다음 속담의 괄호 안에 들어갈 알맞은 단어를 고르세요.

(　　　　　　　) 입고 밤길 가기.

1) 비단옷　　2) 장옷　　　3) 삼베옷　　　4) 치마

Day 003　　다음 속담의 괄호 안에 들어갈 알맞은 단어를 고르세요.

말 죽은 집에 (　　　　　　　) 삭는다.

1) 쌀　　　2) 메주　　　3) 설탕　　　4) 소금

145

Day 004   다음 초성과 뜻을 보고 속담을 완성해 보세요.

ㅂㄱ / ㄲ / ㄴㅇ / ㅅㄴㄷ

잘못은 자기가 해놓고, 오히려 남에게 화내는 것을 이를 때 쓰는 말.

➡

Day 005   다음 초성과 뜻을 보고 속담을 완성해 보세요.

ㄱㅇㄴ / ㅂㄱ / ㄸㅇㄴ / ㅁㅈ

남의 일에 쓸데없는 간섭을 하지 말고 되어 가는 형편을 보고 있다가 이익이나 얻도록 하라는 말.

➡

정답

Day 001 3) 냄비-뚜껑
서로가 허물이 있어서 피차 흉을 볼 수 없게 된 사이를 비유적으로 이르는 말이다. 또한 과부와 홀아비의 결합을 비유적으로 이른다.

Day 002 1) 비단옷
비단옷을 곱게 차려입었는데 밤길을 걸으면 아무도 알아봐주지 않는다는 뜻으로, 생색이 나지 않는 공연한 일에 애를 쓰고도 보람이 없는 경우를 비유적으로 이르는 말이다.

Day 003 4) 소금
여럿이서 말을 잡아먹을 때 주인이 소금을 거저 낸다는 뜻으로, 부득이한 처지에 있어 생색 없이 무엇을 제공하게 되는 경우를 이르는 말이다.

Day 004 방귀 뀐 놈이 성낸다.
자기가 방귀를 뀌고서 오히려 남을 보고 성을 낸다는 말로, 잘못은 자기가 해놓고 오히려 남에게 화를 낼 때 쓰는 말이다.

Day 005 굿이나 보고 떡이나 먹지.
굿 구경을 하고 떡을 먹는다는 말로, 남의 일에 간섭하지 말고 그저 얌전히 구경만 하고 있다가 이익이 되는 것을 취한다는 뜻이다.

Day 001 다음 속담의 괄호 안에 들어갈 알맞은 단어를 고르세요.

배부른 데 (   ) 준다.

1) 쉰떡   2) 송편   3) 선떡   4) 백설기

Day 002 다음 속담의 괄호 안에 들어갈 알맞은 단어를 고르세요.

사흘 책을 안 읽으면 머리에 (   )가 슨다.

1) 곰팡이   2) 흰머리   3) 이끼   4) 돌멩이

Day 003 다음 속담의 괄호 안에 들어갈 알맞은 단어를 고르세요.

처서가 지나면 (   ) 입이 비뚤어진다.

1) 메뚜기   2) 잠자리   3) 파리   4) 모기

Day 004   다음 초성과 뜻을 보고 속담을 완성해 보세요.

ㄱㄴ / ㄴ / ㅇㅇ / ㄴㄴ / ㄴ / ㅇㄷ

아무리 재주가 뛰어나다 하더라도 그보다 더 뛰어난 사람이 있다는 말.

➡

Day 005   다음 초성과 뜻을 보고 속담을 완성해 보세요.

ㅁㄷ / ㅁㅈ / ㅁㄴ / ㄴㅇ / ㄴㄷ

이왕 당해야 할 일은 먼저 치르는 것이 낫다는 말.

➡

Day 001 3) 선떡

배가 부를 때 선떡을 주면 아무 고마움을 못 느낀다는 뜻으로, 생색이 나지 않는 짓을 함을 비유적으로 이르는 말이다.

- 선떡 : 잘 쪄지지 않아 설익은 떡.

Day 002 1) 곰팡이

책을 자주 읽지 않으면 머리가 제 기능을 못 하고 기억력 따위가 감퇴하게 된다는 말이다. 즉, 독서가 중요하다는 뜻이다.

Day 003 4) 모기

처서는 24절기 가운데 하나로 양력 8월 23일 무렵이다. 이때쯤이면 여름철 무더위가 한풀 꺾이게 마련이고, 여름철 대표 곤충인 모기도 서서히 자취를 감춘다는 뜻이다.

Day 004 기는 놈 위에 나는 놈 있다.

아무리 재주가 뛰어나더라도 그보다 더 뛰어난 사람이 있다는 말로, 스스로 뽐내지 말고 겸손하라는 뜻이다. 자기가 최고인 양 잘난 체를 하거나 자랑을 하면 큰코다친다. 항상 그보다 나은 사람이 있게 마련이다. 비슷한 속담으로 '뛰는 놈 위에 나는 놈 있다', '치 위에 치'가 있다.

Day 005 매도 먼저 맞는 놈이 낫다.

이왕 겪어야 할 일이라면 아무리 어렵고 괴롭더라도 기다리면서 긴장하는 것보다는 먼저 치르는 것이 낫다는 말이다.

Day 001   다음 속담의 괄호 안에 들어갈 알맞은 단어를 고르세요.

입에 들어가는 (   )도 제가 떠 넣어야 한다.

1) 미숫가루   2) 누룽지   3) 밥술   4) 사탕

Day 002   다음 속담의 괄호 안에 들어갈 알맞은 단어를 고르세요.

서쪽 하늘에 (   )가 생기면 비가 내린다.

1) 햇무리   2) 무지개   3) 노을 그림자   4) 물안개

Day 003   다음 속담의 괄호 안에 들어갈 알맞은 단어를 고르세요.

(   ) 사러 갔다가 망건 산다.

1) 치마   2) 댕기   3) 두건   4) 갓

Day 004   다음 초성과 뜻을 보고 속담을 완성해 보세요.

ㅁㅇ / ㅃㅈㅁ / ㅈㅍㄹㄱㄹㄷ / ㅈㄴㄷ

위급한 때를 당하면 무엇이나 닥치는 대로 잡고 늘어지게 됨을 이르는 말.

➡

Day 005   다음 초성과 뜻을 보고 속담을 완성해 보세요.

ㅂㄱ / ㅈㅇ / ㄸㅇ / ㅁㄱㄷ / ㅈㄷ

내용이 알차고 좋으면 겉모양도 보기가 좋다는 말과 겉모양새를 잘 꾸미는 것
도 중요하다는 말.

➡

정답

Day 001 3) 밥술
쉬운 일이라도 노력을 들이지 않으면 이룰 수 없음을 비유적으로 이르는 말이다.

Day 002 1) 햇무리
햇무리는 햇빛이 대기 속의 수증기에 비치어 해의 둘레에 둥그렇게 나타나는 빛깔 있는 테두리를 말한다. 높고 얇은 구름이 있을 때 생기는 것으로, 구름 속의 얼음 결정에 햇빛이 굴절되어 나타난다. 이러한 구름이 하늘 전체를 덮으면 서서히 비가 내리는 것이다.

Day 003 4) 갓
갓은 예전에 어른이 된 남자가 머리에 쓰던 의관의 하나이고, 망건은 상투를 튼 사람이 머리카락을 걷어올려 흘러내리지 않도록 머리에 두르는 그물처럼 생긴 물건이다. 즉, 사려고 하는 물건이 없어 그와 비슷한 쓰임이 완전히 다른 것을 사는 경우를 비유적으로 이르는 말이다. 또한 본래의 의미를 잊어버리고 다른 일에 정신이 팔려 있다는 뜻이다.

Day 004 물에 빠지면 지푸라기라도 잡는다.
사람은 물에 빠졌을 때 본능적으로 다른 물건을 붙잡아 가라앉지 않으려 한다. 마찬가지로 위급한 처지에 놓이면 어쩔 줄 몰라 닥치는 대로 아무나 잡고 늘어져 도움을 받으려고 한다는 말이다.

Day 005 보기 좋은 떡이 먹기도 좋다.
내용이 알차고 좋으면 겉모양도 보기가 좋다는 말과 겉모양새를 잘 꾸미는 것도 중요하다는 말이다.

Day 001   다음 속담의 괄호 안에 들어갈 알맞은 단어를 고르세요.

(   )은 건너 봐야 알고 (   )은 겪어 봐야 안다.

1) 바닷물 – 시댁   2) 강 – 동물   3) 물 – 사람   4) 물 – 처갓집

Day 002   다음 속담의 괄호 안에 들어갈 알맞은 단어를 고르세요.

밤새도록 곡하고서 누구 (   )인지 묻는다.

1) 초상   2) 잔치   3) 제사   4) 상여

Day 003   다음 속담의 괄호 안에 들어갈 알맞은 단어를 고르세요.

(   )가 사나우니까 의붓아들이 삼 년 맏이라.

1) 동기   2) 성질머리   3) 용모   4) 팔자

Day 004   다음 초성과 뜻을 보고 속담을 완성해 보세요.

ㄱㄲㅇ / ㅇㅇㅇ / ㅁ / ㅊㅊㅂㄷ / ㄴㄷ

이웃과 서로 사이좋게 지내면 먼 곳에 있는 친척보다 낫다는 뜻.

➡

Day 005   다음 초성과 뜻을 보고 속담을 완성해 보세요.

ㄱㄱㄹ / ㅇㅊㅇ / ㅈ / ㅅㄱ / ㅁ / ㅎㄷ

형편이 조금 나아졌다고 해서 예전에 어려웠던 때를 생각하지 못하고 잘난 체
하는 사람들을 비꼬는 말.

➡

정답

Day 001 3) 물-사람
물은 건너 봐야 그 깊이를 알 수 있고, 사람은 사귀어 봐야 그 사람의 됨됨이를 알 수 있다는 뜻이다. 즉, 사람은 겉으로만 봐서 그 속을 잘 알 수 없으므로 실제로 겪어 봐야바로 안다는 말이다.

Day 002 1) 초상
무슨 영문인지도 모르고 분위기에 휩쓸려 따라하는 것을 뜻하는 말이다.

Day 003 4) 팔자
팔자가 사나우려니까 의붓아들의 나이가 자신보다 겨우 세 살 많은 여자와 혼인했다는 말로, 자신의 팔자가 사나움을 탄식하여 이르는 말이다. 일이 여의치 못함을 스스로 탄식하는 것이다.

Day 004 가까운 이웃이 먼 친척보다 낫다.
'이웃'이란 서로 가까운 곳에 사는 사람들을 말한다. 이웃과는 자주 만날 수 있기 때문에서로에게 생긴 기쁜 일과 슬픈 일을 가장 잘 아는 사람들이다. 특히, 어려운 일을 당했을 때 가장 빨리 도움을 줄 수 있는 사람들이다. '이웃사촌'이라는 말처럼 실제 촌수가 사촌은 아니지만, 이웃에 살면서 그만큼 정이 들어 사촌과 다를 바 없이 가까운 사람이라는 뜻이다.

Day 005 개구리 올챙이 적 생각 못 한다.
개구리는 올챙이를 보면 망설임 없이 잡아먹는다. 자신이 올챙이였다는 걸 기억하지 못하는 것이다. 그래서 개구리가 올챙이였던 때를 생각하지 못한다고 한다. 이 속담은 형편이조금 나아졌다고 해서 예전에 어려웠던 때를 생각하지 못하고 잘난 체하는 사람들을 비꼬는 말로 쓰인다.

Day 001   다음 속담의 괄호 안에 들어갈 알맞은 단어를 고르세요.

(   )가 더 문다.

1) 가랑니   2) 어금니   3) 송곳니   4) 서캐

Day 002   다음 속담의 괄호 안에 들어갈 알맞은 단어를 고르세요.

가난할수록 밤마다 (   )만 짓는다.

1) 기와집   2) 초가집   3) 풀집   4) 물레방아

Day 003   다음 속담의 괄호 안에 들어갈 알맞은 단어를 고르세요.

사흘 굶어 (   ) 아니 넘을 놈 없다.

1) 들창   2) 창문   3) 문   4) 담

Day 004   다음 초성과 뜻을 보고 속담을 완성해 보세요.

ㅂㅂㅆㅇㅇ / ㅋㄹ / ㅁ / ㅂㄱ

서로 사랑하는 사람들 사이의 싸움은 곧 뒤끝이 풀리어 화목하게 됨을 비유적으로 이르는 말.

➡

Day 005   다음 초성과 뜻을 보고 속담을 완성해 보세요.

ㅂㅊㄴ / ㅇㅇ / ㅂ / ㅎ / ㅅ / ㄷ / ㅈㄷ

무슨 일이나 가만히 있지 않고 조르는 사람에게 더 잘해 주게 된다는 말.
(힌트 : 밥)

➡

정답

Day 001 1) 가랑니
하찮고 시시한 것이 더 괴롭힌다는 뜻이다. 가랑니는 알에서 나온 지 얼마 안 된 새끼
이로 부화하면 많은 양분을 필요로 해 쉼 없이 먹는다고 해서 더 문다고 하는 것이다.

Day 002 1) 기와집
가난하면 밤마다 기와집 짓고 잘 살고 있는 헛된 공상만 하게 됨을 의미한다.

Day 003 4) 담
아무리 착한 사람이라도 삶이 궁핍하게 되면 옳지 못한 일도 저지르게 된다는 말이다.

Day 004 부부싸움은 칼로 물 베기.
부부는 싸움을 해도 화합하기 쉬움을 뜻한다. 즉, 서로 사랑하는 사람들 사이의 싸움은 곧
뒤끝이 풀리어 화목하게 됨을 비유적으로 이르는 말이다. 비슷한 속담으로 '내외간 싸움은
개싸움', '내외간 싸움은 칼로 물 베기라', '사랑싸움은 칼로 물 베기'가 있다.

Day 005 보채는 아이 밥 한 술 더 준다.
보채면서 자꾸 시끄럽게 구는 아이를 달래느라고 밥 한 술이라도 더 주게 된다는 뜻으로,
조르며 서두르는 사람이나 열심히 구하는 사람에게는 더 잘해 주게 됨을 비유적으로 이르
는 말이다. 비슷한 속담으로 '보채는 아이 젖 준다', '젖은 보채는 아이한테 먼저 준다'가
있다.

Day 001   다음 속담의 괄호 안에 들어갈 알맞은 단어를 고르세요.

(   )으로 코끼리를 몰라 한다.

1) 담구멍   2) 창문구멍   3) 바늘구멍   4) 창호구멍

Day 002   다음 속담의 괄호 안에 들어갈 알맞은 단어를 고르세요.

(   )하랬더니 개잡이를 배웠다.

1) 공부   2) 청소   3) 동냥   4) 추적

Day 003   다음 속담의 괄호 안에 들어갈 알맞은 단어를 고르세요.

(   ) 밑에 바람이 들었다.

1) 감자   2) 당근   3) 배추   4) 무

Day 004   다음 초성과 뜻을 보고 속담을 완성해 보세요.

ㅁㅇ / ㄱㅇㅅㄹ / ㅅㄹㄱ / ㅇㄷ

덕이 높고 생각이 깊은 사람은 겉으로 떠벌리고 잘난 체하거나 뽐내지 않는 다는 말. (힌트 : 물)

➡

Day 005   다음 초성과 뜻을 보고 속담을 완성해 보세요.

ㅂㄴ / ㅈㅇ / ㅂㅊㅈㅎㄷ

화가 난 사람을 더욱 화나게 하거나 일이 잘 안 되어 곤란한 사람에게 더 나쁜 방해를 논다는 뜻.

➡

Day 001 3) 바늘구멍
작은 바늘구멍으로 엄청나게 큰 코끼리를 몰라고 한다는 뜻으로, 전혀 가능성이 없는 일을 하라고 강요하는 경우를 비유적으로 이르는 말이다.

Day 002 1) 공부
공부를 하라고 했더니 개백장(백정) 노릇을 배웠다는 뜻으로, 모처럼 애써서 좋은 일을 하랬더니 엉뚱하게도 나쁜 짓을 함을 비유적으로 이르는 말이다.

Day 003 3) 배추
무나 고구마의 몸체 안쪽에 모공이 생겨서 스폰지처럼 아무 맛이 없는 상태를 바람이 들었다고 일컫는다. 그런데 배추는 좀처럼 바람이 들지 않는다. 이 속담은 이런 배추의 특성에서 유래했다. 남 보기에 절대로 그럴 것 같지 않은 사람이 좋지 못한 짓을 하는 경우를 비유적으로 이르는 말이다.

Day 004 물이 깊을수록 소리가 없다.
깊은 물이 소리 없이 흐르는 것처럼 덕이 높고 생각이 깊은 사람은 겉으로 떠벌리고 잘난 체하거나 뽐내지 않는다는 말이다.

Day 005 불난 집에 부채질한다.
불이 난 곳에 부채질을 하면 더 잘 타오르는 건 당연한 일이다. 곤란한 사람을 도와주기는 커녕 더 곤란하게 만들거나 화난 사람을 더 화나게 만든다는 말이다.

Day 001   다음 속담의 괄호 안에 들어갈 알맞은 단어를 고르세요.

(   ) 먹인 가죽이 부드럽다.

1) 흑칠   2) 기름   3) 습기   4) 양잿물

Day 002   다음 속담의 괄호 안에 들어갈 알맞은 단어를 고르세요.

범 (   ) 잡아먹듯.

1) 나비   2) 벌   3) 토끼   4) 무당벌레

Day 003   다음 속담의 괄호 안에 들어갈 알맞은 단어를 고르세요.

어두운 밤에 (   ) 내미는 격.

1) 머리   2) 입   3) 발   4) 손

Day 004   다음 초성과 뜻을 보고 속담을 완성해 보세요.

욕심이 많은 사람이 이익을 보고 가만있지 못한다거나 자기가 좋아하는 곳을 그대로 지나치지 못한다는 말.

➡

Day 005   다음 초성과 뜻을 보고 속담을 완성해 보세요.

ㄱ ㄸ ㄷ / ㅇ ㅇ / ㅆ ㄹ ㅁ / ㅇ ㄷ

평소에 흔하던 것도 막상 긴하게 쓰려고 구하면 없다는 말.

➡

정답

Day 001 2) 기름
뇌물을 쓰면 일이 순조롭게 됨을 비유적으로 이르는 말이다.

Day 002 1) 나비
쌍태를 낳느라고 배가 홀쭉해진 호랑이가 아주 적은 양의 먹이를 먹은 것과 같다는 뜻으로, 먹는 양은 큰데 먹은 것이 변변치 못하여 양에 차지 않음을 비유적으로 이르는 말이다.
• 쌍태 : 한 태에 둘을 뱀. 또는 그 태아.

Day 003 4) 손
느닷없이 불쑥 무엇을 요구하고 나섬을 비유적으로 이르는 말이다.

Day 004 참새가 방앗간을 그냥 지나치랴.
곡식을 찧고 빻는 방앗간 바닥에는 쌀이나 보리 등이 많이 떨어져 있다. 곡식 알갱이를 좋아하는 참새가 방앗간에 모여드는 것은 당연하다. 사람들이 아무리 쫓아내도 참새는 먹이를 먹으러 다시 오고 또 찾아온다. 이 속담은 욕심 많은 사람은 자기에게 이익이 되는 것을 보면 그냥 지나치지 못한다는 뜻이다. 또, 자기가 좋아하는 것을 보고 그냥 지나치지 못한다는 뜻도 있다.

Day 005 개똥도 약에 쓰려면 없다.
개는 소화를 잘 시키기 때문에 똥 안에 영양분이 별로 남아 있지 않아 개똥은 거름으로 쓰이지 않았다. 거름으로 쓰이지도 않고 사람들이 치우지도 않다 보니 동네 여기저기에는 개똥이 널려 있었다. 그런데 그토록 흔한 개똥도 정작 필요해서 찾으면 눈에 잘 보이지 않는다. 즉, 평소에는 보잘것없고 흔한 물건인데 정작 필요해서 찾으면 구하기 어려울 때 쓰이는 말이다. 또 평소에는 쓸모없어 보이는 것도 요긴하게 쓰이거나 귀하게 쓰일 수 있다는 뜻도 있다.

Day 001   다음 속담의 괄호 안에 들어갈 알맞은 단어를 고르세요.

(   )날 귀머리장군 연 떠나가듯.

1) 경칩   2) 정월대보름   3) 동지   4) 단오

Day 002   다음 속담의 괄호 안에 들어갈 알맞은 단어를 고르세요.

(   )은 남의 것이 잘되어 보이고 자식은 제 자식이 잘나 보인다.

1) 밭고랑   2) 곡식   3) 비단옷   4) 식물

Day 003   다음 속담의 괄호 안에 들어갈 알맞은 단어를 고르세요.

있을 때 (   ) 없으면 (   ) 것도 없다.

1) 먹어야지 – 먹을   2) 살아야지 – 살
3) 잘해야지 – 잘할   4) 아껴야지 – 아낄

Day 004   다음 초성과 뜻을 보고 속담을 완성해 보세요.

ㅅㅁㄴ / ㅈㅊㅇ / ㅁㅇ / ㄱ / ㅇㄷ

떠들썩한 소문이나 큰 기대에 비해 실속이 없거나 소문이 사실과 다르다는 뜻.

➡

Day 005   다음 초성과 뜻을 보고 속담을 완성해 보세요.

ㅍㄱ / ㅇㄴ / ㅁㄷ / ㅇㄷ

무슨 일에라도 반드시 핑계는 있다는 말.

➡

Day 001 2) 정월대보름
과거에는 아이들이 연을 가지고 놀았는데 농사가 시작되는 정월대보름 이후에 연을 날리면 혼이 나기 때문에 대보름 전날 그간 가지고 놀았던 연을 날려 보내곤 했는데, 이를 '송액'이라고 했다. 즉 연에 '액' 혹은 '송액'이라는 글자를 써서 높이 날려 보내어 액을 쫓은 것이다. 바로 이 연을 멀리 날려 보내던 풍습에서 비롯된 속담이다. 어떤 것이 멀리 가서 떨어지는 모양을 비유적으로 이르는 말이다.
• 귀머리장군 : 윗머리 양쪽 귀퉁이에 검은 부등변 삼각형을 그린 연.

Day 002 2) 곡식
자식은 자기 자식이 잘나 보이고 재물은 남의 것이 더 좋아 보여 탐이 남을 이르는 말이다.

Day 003 4) 아껴야지-아낄
경제적으로 넉넉하다고 해서 낭비하는 것을 경계하는 말이다.

Day 004 소문난 잔치에 먹을 것 없다.
떠들썩한 소문이나 큰 기대에 비해 실속이 없거나 소문이 사실과 다르다는 뜻이다. 비슷한 속담으로 '이름난 잔치 배고프다', '소문난 잔치 비지떡이 두레 반이라'가 있다.

Day 005 핑계 없는 무덤 없다.
무슨 일에라도 반드시 핑계는 있다, 어떤 허물에도 변명할 구실은 있다는 말이다.

48 Week

Day 001   다음 속담의 괄호 안에 들어갈 알맞은 단어를 고르세요.

성내어 (   )를 차니 발부리만 아프다.

1) 보따리   2) 돌멩이   3) 바위   4) 나무

Day 002   다음 속담의 괄호 안에 들어갈 알맞은 단어를 고르세요.

(   )도 모르고 가지 딴다.

1) 새싹   2) 적   3) 열매   4) 잎

Day 003   다음 속담의 괄호 안에 들어갈 알맞은 단어를 고르세요.

(   ) 밤에 눈 깜짝이기.

1) 환한   2) 찬란한   3) 쓸쓸한   4) 어두운

Day 004   다음 초성과 뜻을 보고 속담을 완성해 보세요.

ㅁㅇ / ㅃㅈ / ㅅㅈ

물에 흠뻑 젖어 몰골이 초췌한 모양을 이르는 말.

➡

Day 005   다음 초성과 뜻을 보고 속담을 완성해 보세요.

ㅁ / ㅁㄴ / ㄱ / ㅉㄹㄴ / ㅂㄷ

자기 것으로 만들지 못할 바에는 차라리 심술을 부려 남도 갖지 못하게 못쓰도록 만들어 버린다는 고약한 마음을 이르는 말.

➡

정답

Day 001 3) 바위

잔뜩 성이 난 마음을 가라앉히지 못하고 화풀이로 바위나 돌을 찬다는 말이다. 성이 난다고 앞뒤를 가리지 못하고 분별없이 화풀이하다가 자기에게 해가 될 부질없는 행동을 하는 경우를 비꼬는 말이다. 안 될 일을 억지로 하다가는 스스로 해를 당한다.

Day 002 2) 적

적도 딸 줄 모르면서 가지를 따려 든다는 뜻으로, 기초적인 것도 모르면서 어려운 것을 하려 드는 것을 이르는 말이다.

- 적 : 굴의 껍데기를 따냈을 때, 굴이 붙어 있는 쪽의 껍데기.

Day 003 4) 어두운

추렴을 내는데 동무가 모르게 낸다면 그 사실을 아무도 모른다는 뜻으로, 남이 보지 않는 곳에서 애써 일을 하여도 아무런 보람이 없다는 뜻이다. 힘만 들이고 아무런 공이 나타나지 아니하게 됨을 비유적으로 이르는 말이다.

- 추렴 : 모임이나 놀이 따위의 비용 등으로 각자가 금품을 얼마씩 내어 거둠.

Day 004 물에 빠진 생쥐.

물에 흠뻑 젖어 몰골이 초췌한 모양을 이르는 말이다.

Day 005 못 먹는 감 찔러나 본다.

자기 것으로 만들지 못할 바에는 차라리 심술을 부려 남도 갖지 못하도록 못쓰게 만들어 버린다는 고약한 마음을 이르는 말이다. 일이 자신에게 불리할 때 심술을 부려 훼방을 놓는다는 말과 같다. 내가 갖고 싶은 것을 상대방이 갖고 있을 때, 그 사람도 못 갖도록 망쳐 버리고 싶은 마음이다.

Day 001　다음 속담의 괄호 안에 들어갈 알맞은 단어를 고르세요.

곡식에 (　　　　　　) 같다.

1) 제비　　　2) 앵무새　　　3) 참새　　　4) 비둘기

Day 002　다음 속담의 괄호 안에 들어갈 알맞은 단어를 고르세요.

(　　　　　　)도 마주 서야 연다.

1) 소나무　　　2) 은행나무　　　3) 전나무　　　4) 감나무

Day 003　다음 속담의 괄호 안에 들어갈 알맞은 단어를 고르세요.

(　　　　　　) 아래 도끼 들었다.

1) 등　　　2) 심장　　　3) 혀　　　4) 코

Day 004 다음 초성과 뜻을 보고 속담을 완성해 보세요.

ㅎㄴㅇ / ㅁㄴㅈㄷ / ㅅㅇㄴ / ㄱㅁㅇ / ㅇㄷ

어려운 상황에 부딪히더라도 그것을 벗어날 길은 분명히 있다는 뜻.

➡

Day 005 다음 초성과 뜻을 보고 속담을 완성해 보세요.

ㅎㅂㅇ / ㄴㅋㅍㄹ / ㄱㄹ / ㄷㅇㅇㄷ

뜻밖의 운 좋은 일이 생기거나 좋은 물건을 얻었다는 뜻.

➡

정답

Day 001 1) 제비
제비는 곡식을 안 먹는다는 데서 유래한 것으로 청렴한 사람을 비유적으로 이르는 말이다.

Day 002 2) 은행나무
은행나무의 수나무와 암나무가 서로 바라보고 서야 열매가 열린다는 뜻으로, 사람도 마주 보고 대해야 서로 인연이 깊어진다는 말이다. 남녀가 결합해야 집안이 번창한다는 뜻도 있다.

Day 003 3) 혀
말을 잘못하면 재앙을 받게 되니 말조심을 하라는 말이다.

Day 004 하늘이 무너져도 솟아날 구멍이 있다.
하늘이 무너지더라도 빠져나갈 구멍이 있다는 말로, 아무리 어려운 일에 부딪혀도 살아나갈 희망은 반드시 있다는 뜻이다.

Day 005 호박이 넝쿨째로 굴러 들어온다.
호박이 통째로 굴러 들어온 것처럼 뜻밖의 운 좋은 일이 생기거나 좋은 물건을 얻었다는 뜻이다. 또, 어떤 사람이 집안에 복을 가지고 온다는 뜻도 있다.

174

Day 001　다음 속담의 괄호 안에 들어갈 알맞은 단어를 고르세요.

(　　　　　)과 사람은 가꾸기에 달렸다.

1) 집　　　2) 곡식　　　3) 정원　　　4) 꽃

Day 002　다음 속담의 괄호 안에 들어갈 알맞은 단어를 고르세요.

(　　　　　)도 길면 잔말이 생긴다.

1) 칭찬　　　2) 연설　　　3) 정담　　　4) 훈화

Day 003　다음 속담의 괄호 안에 들어갈 알맞은 단어를 고르세요.

기름을 버리고 (　　　　　)를 줍는다.

1) 막걸리　　　2) 호두　　　3) 고추　　　4) 깨

Day 004 다음 초성과 뜻을 보고 속담을 완성해 보세요.

ㄱㅅ / ㄲㅇ / ㄴㅇ / ㅇㄷ

어려운 일을 겪고 난 뒤에는 반드시 좋은 일이 생긴다는 말.

➡

Day 005 다음 초성과 뜻을 보고 속담을 완성해 보세요.

ㅂㄱㅂㅇ / ㅋ / ㅂㅇ / ㅁㄱㄷ

행동이 무척 빠르거나 또는 성질이 조급하여 무엇이든지 당장 해치우려 하는 행동을 뜻함.

➡

Day 001 2) 곡식
곡식은 사람의 손이 많이 가고 부지런히 가꾸어야 잘되고 사람은 어려서부터 잘 가르치고 이끌어야 훌륭하게 된다는 말이다.

Day 002 3) 정답
말이 많고 길어지면 듣기 지루해져 군말과 잔말이 나오게 마련이라는 뜻이다.

Day 003 4) 깨
큰 이익을 버리고 보잘것없는 작은 이익을 구함을 비유적으로 이르는 말이다.

Day 004 고생 끝에 낙이 온다.
'낙'은 즐거움이나 재미를 뜻한다. 어려운 일을 겪고 난 뒤에는 반드시 좋은 일이 생긴다는 말로 고진감래(苦盡甘來)라고도 한다. 비슷한 속담으로 '쓴 것이 다하면 단 것이 온다', '힘든 일이 지나면 즐거운 일이 온다'가 있다.

Day 005 번갯불에 콩 볶아 먹겠다.
번쩍하는 번갯불에 콩을 볶아 먹을 만큼 행동이 무척 빠르다는 말이다. 또 성질이 조급하여 무엇이든지 당장 해치우려 하는 행동을 이른다. 비슷한 속담으로 '번갯불에 담배 붙이겠다', '번갯불에 회 쳐 먹겠다'가 있다.

Day 001 다음 속담의 괄호 안에 들어갈 알맞은 단어를 고르세요.

(   )에 개똥처럼 내던진다.

1) 깨밭   2) 오이밭   3) 배추밭   4) 꽃밭

Day 002 다음 속담의 괄호 안에 들어갈 알맞은 단어를 고르세요.

마파람에 (   ) 꼭지 떨어진다.

1) 호박   2) 참외   3) 수박   4) 오이

Day 003 다음 속담의 괄호 안에 들어갈 알맞은 단어를 고르세요.

(   ) 자랑 말고 (   ) 자랑하랬다.

1) 먹는 – 사는   2) 옷 – 성품   3) 보석 – 집안   4) 버는 – 쓰는

Day 004   다음 초성과 뜻을 보고 속담을 완성해 보세요.

지ㄴ / ㅋㄲㄹ / ㅁㅈㄱ

아주 조금 알면서 전부 다 아는 것처럼 굴 때 쓰는 말.

➡

Day 005   다음 초성과 뜻을 보고 속담을 완성해 보세요.

ㄱㄹㅇㅇ / ㅅㅇㄷㄹ / ㅂㅅㄹㄱㄹㄷㄱ / ㅎㄷ

제 결점이 큰 줄 모르고 남의 작은 허물을 탓한다는 말.

➡

Day 001 3) 배추밭

보통 개똥은 보잘것없거나 천하거나 흔해 빠지고 쓸모없는 것 등의 비유로 많이 사용되었다. 그러한 개똥을 배추밭에 휙 내던지듯이 마구 집어 내던져 버림을 비유적으로 이르는 말이다.

Day 002 1) 호박

어떤 일이 처음부터 별로 큰 장애도 없는데 틀어져 나감을 비유적으로 이르는 말이다.

• 마파람 : 남쪽에서 불어오는 바람.

Day 003 4) 버는-쓰는

돈을 모으려면 저축을 잘해야 함을 비유적으로 이르는 말이다.

Day 004 장님 코끼리 만지기.

앞이 안 보이는 사람들이 코끼리를 만져보았는데 저마다 다른 부분을 만지고서는 자기가 알고 있는 것이 코끼리라고 우긴다. 전체에서의 부분, 아주 조금 알면서 전부 다 아는 것처럼 굴 때 쓰는 말이다. 전체를 보지 못하고 자기가 알고 있는 부분만 가지고 고집한다는 말, 맹인모상(盲人摸象)이라고도 한다.

Day 005 가랑잎이 솔잎더러 바스락거린다고 한다.

바스락거리는 소리가 더 큰 가랑잎이 솔잎더러 바스락거린다고 나무란다는 말로, 제 허물이 더 많고 큰데 남의 허물만 나무란다는 뜻이다.

Day 001   다음 속담의 괄호 안에 들어갈 알맞은 단어를 고르세요.

(   )는 늙어 죽을 때까지 해도 다 못한다.

1) 독서   2) 공부   3) 설교   4) 잔소리

Day 002   다음 속담의 괄호 안에 들어갈 알맞은 단어를 고르세요.

눈은 있어도 (   )이 없다.

1) 망울   2) 초점   3) 쌍꺼풀   4) 눈썹

Day 003   다음 속담의 괄호 안에 들어갈 알맞은 단어를 고르세요.

(   ) 같은 시어미도 활등같이 휘여 살랬다.

1) 여우   2) 귀신   3) 토끼   4) 범

Day 004   다음 초성과 뜻을 보고 속담을 완성해 보세요.

ㄱ / ㅇ / ㄴㄴ / ㅅㄴㅇ / ㄷ / ㄸㄱㄷ

아는 것도 겉으로 드러내지 않고 조용히 있는 사람이 더 야무지다는 뜻.
(힌트 : 숭늉)

➡

Day 005   다음 초성과 뜻을 보고 속담을 완성해 보세요.

ㄴㅇ / ㅂㅇ / ㄷ / ㅋㅇ / ㄱㅇ / ㅂㅇㄷ

자기 것보다 남의 것이 더 좋아 보인다는 말, 자기 것은 두고 남의 것을 탐할
때 쓰는 말. (힌트 : 콩)

➡

정답

Day 001 2) 공부
지식을 넓히고 수준을 높이기 위해서는 살아 있는 동안 끊임없이 배우고 학습해야 함을
강조하여 이르는 말이다.

Day 002 1) 망울
있기는 있는데 가장 중요한 것이 빠져서 없는 것과 마찬가지라는 말이다.

Day 003 4) 범
아무리 엄하고 사나운 시어머니라도 성이 나는 대로 꼿꼿이 지내지 말고 활등 휘어들듯이
성미를 죽이며 살아야 공손한 대접을 받으며 집안이 화목하게 잘살 수 있음을 비유적으로
이르는 말이다.

Day 004 김 안 나는 숭늉이 더 뜨겁다.
누룽지에 물을 넣고 숭늉을 끓일 때는 김이 나지 않아도 뜨겁다. 이처럼 아는 것도 겉으로
드러내지 않고 조용히 있는 사람이 더 야무지다는 뜻이다.

Day 005 남의 밥에 든 콩이 굵어 보인다.
물건은 남의 것이 더 좋아 보이고 일은 남의 일이 더 쉬워 보임을 비유적으로 이르는 말로
자기 것에 만족하지 못하고 남의 것을 부러워한다는 뜻이다. 비슷한 속담으로 '남의 손에
떡이 더 커 보이고 남이 잡은 일이 더 헐어 보인다', '제 논에 모가 큰 것은 모른다'가 있다.

Week

end

일본 속담

돌 위에서도 3년

아무리 차가운 돌 위에서도 꾹 참고 오래 견뎌내면 결국에는 돌이 따뜻해진다는 뜻으로 장기간의 수행이나 노력이 필요한 경우를 뜻한다. 참고 견디면 복이 온다는 뜻이다.

● 초성을 바탕으로 우리나라의 비슷한 속담을 맞혀 보세요.

ㅎㅅㄹ / ㅊㅇㅁ / ㅂ / ㄴㅇ / ㅍㅎㄷ

 벨기에 속담

닭이 꼬끼오 하고 울었다고 달걀을 낳는 것은 아니다.

노력을 하지 않으면 성공에 이르기 어렵다. 재능을 활용하지 않고 계획만 세운다면 뜻한 목표를 이룰 수 없다. 즉 끊임없이 실천하는 노력이 중요하다는 말이다.

● 초성을 바탕으로 우리나라의 비슷한 속담을 맞혀 보세요.

ㄱㅅㅇ / ㅅ / ㅁㅇㄹㄷ / ㄲㅇㅇ / ㅂㅂㄷ

 **스웨덴 속담**

걱정은 작은 것에 큰 그림자를 씌워 준다.

굴리면 굴릴수록 커지는 눈덩이처럼 걱정도 하면 할수록 커진다는 뜻이다.
쓸데없는 걱정, 안 해도 될 근심은 생각하지 않는 게 좋다는 의미다.

● 초성을 바탕으로 우리나라의 비슷한 속담을 맞혀 보세요.

ㄱㅈㅇ / ㅁㅇㅁ / ㅃㄹ / ㄴㄴㄷ

 네덜란드 속담

남의 두 눈보다 자신의 한 쪽 눈이 좋다.

아무리 적고 보잘것없는 것이라도 남한테 있는 것보다 자기 손에 있는 것이
더 나음을 비유적으로 이르는 말이다.

● 초성을 바탕으로 우리나라의 비슷한 속담을 맞혀 보세요.

ㄴㅇ / ㅈ / ㄱㅅㅇㅈㄱ / ㅇㄹㅈ / ㅅㅇㅈㅁ / ㅁㅎㄷ

일본 한시를 참으면 백 날이 편하다.

참는 자에게 복이 있다는 말처럼, 아무리 분하고 원통한 일이라도 참아야 일이 원만히 해결된다는 뜻이다.

벨기에 구슬이 서 말이라도 꿰어야 보배다.

아무리 구슬이 많아도 꿰어서 목걸이를 만들지 않으면 가치가 없다는 말로 무엇이든 다듬고 쓸모 있게 만들어야 값진 보배가 된다는 뜻이다. 사람의 능력과 재능도 마찬가지로 꾸준히 노력하여 갈고 닦아야 값진 보배가 될 수 있다.

스웨덴 걱정이 많으면 빨리 늙는다.

쓸데없는 잔걱정을 하지 말라는 말이다.

네덜란드 남의 집 금송아지가 우리집 송아지만 못하다.

아무리 적고 보잘것없는 것이라도 자기가 직접 가진 것이 더 나음을 비유적으로 이르는 말이다.